Global Hotspot City Science and Innovation Index Report

全球热点城市科技创新能力指数报告（2023版）

上海市研发公共服务平台管理中心
爱思唯尔
上海科汇人才服务有限公司
编著

上海科学技术出版社

图书在版编目（CIP）数据

全球热点城市科技创新能力指数报告 ：2023版 / 上海市研发公共服务平台管理中心，爱思唯尔，上海科汇人才服务有限公司编著. -- 上海 ：上海科学技术出版社，2024.2

ISBN 978-7-5478-6529-3

Ⅰ. ①全… Ⅱ. ①上… ②爱… ③上… Ⅲ. ①城市建设－技术革新－研究报告－世界－2023 Ⅳ. ①F299.1

中国国家版本馆CIP数据核字(2024)第036761号

全球热点城市科技创新能力指数报告（2023版）

上海市研发公共服务平台管理中心
爱思唯尔 编著
上海科汇人才服务有限公司

上海世纪出版（集团）有限公司
上 海 科 学 技 术 出 版 社 出版、发行
（上海市闵行区号景路159弄A座9F-10F）
邮政编码 201101 www.sstp.cn
上海展强印刷有限公司印刷
开本 889×1194 1/16 印张 4.25
字数 110 千字
2024年2月第1版 2024年2月第1次印刷
ISBN 978-7-5478-6529-3/G·1205
定价：100.00元

内容提要

城市是国家创新活动的主体区域，城市的科技创新能力是保持和增强区域竞争力的核心能力。本报告选取全球 20 个热点科技创新城市，从创新要素集聚力、科学研究竞争力、技术创新竞争力、知识转化竞争力四个维度测算 2022 年各城市科技创新能力指数，揭示城市科技创新发展的总体水平和主要特征，挖掘推动城市科技创新的内在规律，科学、客观地评估全球创新性城市的创新格局、优势和挑战。

编写组名单

主　　编： 何　军　王　茜

副 主 编： 常　颖　董　艳

编写人员： 阮　妹　王　晨　朱　悦
樊宇航　黄韵莹　何星星
吕瑛萍　周　祥　许敏联

目录

引 言

城市是国家创新活动的主体区域，城市的科技创新能力是保持和增强区域竞争力的核心能力。近年来，科技创新城市不断发展，创新策源功能不断增强，成为引领经济社会高质量发展、支撑区域协同创新和协调发展的动力源泉。

当前，全球重大前沿技术和颠覆性技术快速突破，新一轮科技革命和产业变革深入发展，创新领域、创新方式和创新范式深刻调整。在机遇和挑战面前，全球科技创新城市都在积极寻求新的发展和突破。“加快打造具有全球影响力的科技创新中心，建设若干具有强大带动力的创新型城市和区域创新中心”，既是我国实现科技自立自强的内在要求，也是加快创新型国家、科技强国建设的重要战略支点。

在此背景下，本报告选取全球20个热点科技创新城市，从创新要素集聚力、科学研究竞争力、技术创新竞争力、知识转化竞争力四个维度测算2022年各城市科技创新能力指数，揭示城市科技创新发展的总体水平和主要特征，挖掘推动城市科技创新的内在规律，科学、客观地评估全球创新型城市的创新格局、优势和挑战。同时，全面把握上海在全球创新中的位置，挖掘创新发展优势，寻找创新差距，助力上海补短板、锻长板、固底板，为政策制定者、企业家和实践者提供参照依据，助力推进上海国际科技创新中心建设。

研究对象选择

本报告沿用上海市研发公共服务平台管理中心与爱思唯尔联合发布的《2019 国际科技创新数据洞见——全球热点城市比较研究报告》《国际科学、技术和创新的数据和见解——全球 20 个城市的比较研究报告》中的城市选择，选取亚洲的上海、北京、深圳、香港、东京、大阪、首尔、新加坡，北美洲的纽约、波士顿、芝加哥、洛杉矶、旧金山、多伦多，欧洲的柏林、伦敦、巴黎、斯德哥尔摩、莫斯科、阿姆斯特丹，共计 20 个全球热点创新城市作为主要研究对象。

指标体系构建

本报告聚焦城市科技创新能力研究，综合国内外城市科技创新能力评价体系，基于文献研究和定量分析方法，在广泛征集专家意见的基础上，构建了一套科学实用的城市科技创新能力评价指标体系（简称“指标体系”）。指标体系遵循系统性、重要性、代表性、可量化的指导原则，具体包括创新要素集聚力、科学研究竞争力、技术创新竞争力、知识转化竞争力 4 个一级指标，高层次科技人才、学术经济价值等 11 个二级指标，以及国立科研机构总部数、学企合作申请 PCT 专利数等 25 个三级指标（表 0-1）。

创新要素集聚力是城市进行科技创新活动的基础，不同的创新要素禀赋构成城市不同的功能定位和发展模式。创新要素集聚力包括高层次科技人才、创新机构、创新设施三类有形创新实体机构和无形创新资源。

科学研究竞争力主要用于衡量基础研究成果水平，综合观测城市人均研究素养、高影响力成果总量、代表作体量、知识合作等维度。二级指标包括论文产出体量、论文产出质量、国际合作程度三大方面。

技术创新竞争力用于衡量前沿技术成果水平，反映了城市提前布局前沿技术与市场等战略性资源的实力。主要包括专利产出体量、专利产出质量、专利产出合作程度三个方面。

知识转化竞争力用于衡量基础研究成果与技术创新之间转化的效能，以及顶尖基础研究成果的经济价值，主要包括产学研合作成果产出、学术经济价值两个方面。

表0-1 城市科技创新能力评价指标体系

一级指标	二级指标	三级指标*	单位
创新要素集聚力	高层次科技人才	顶尖奖项人才数	人
		高被引科学家数	人
		活跃科研人员数	人
	创新机构	国立科研机构总部数量	个
		高水平研究型大学数	个
		科技领军企业数	个
	创新设施	大科学装置数	个
		国家实验室数	个
科学研究竞争力	论文产出体量	每万人论文发文量	篇
		科研人员人均论文量	篇/人
	论文产出质量	论文FWCI	值
		Top1%高被引论文量	篇
		Top10%高被引论文量	篇
		CNS论文量	篇
	国际合作程度	国际合作发文量	篇
		国际合作发文占比	%
技术创新竞争力	专利产出体量	专利申请量	件
	专利产出质量	每万人PCT专利申请量	件
		每万人授权专利数	件
	专利产出合作程度	每万人合作申请专利数	件
		合作申请专利占比	%
知识转化竞争力	产学研合作成果产出	学企合作发文数	篇
		学企合作申请PCT专利数	件
	学术经济价值	CNS获得基金资助数量	项
		CNS获得基金资助论文数量	篇

* 注：三级指标说明详见附录。

第一章
全球热点城市科创能力综合指数排名

表 1-1 2022 年科技创新能力指数排名

城市	2022科创能力指数	2021年排名	2022年排名	排名变化	发展速度
北京	100	1	1	-	106.45%
波士顿	96.41	2	2	-	88.78%
纽约	92.48	4	3	↑1	93.80%
旧金山	92.04	3	4	↓1	81.47%
伦敦	91.32	5	5	-	94.39%
上海	91.26	7	6	↑1	107.84%
巴黎	90.64	6	7	↓1	98.42%
深圳	89.86	10	8	↑2	104.21%
东京	89.49	9	9	-	99.20%
斯德哥尔摩	88.54	8	10	↓2	88.22%
首尔	88.04	11	11	-	89.68%
新加坡	87.22	12	12	-	95.60%
柏林	86.84	13	13	-	98.85%
阿姆斯特丹	86.72	14	14	-	97.47%
香港	86.71	16	15	↑1	102.27%
芝加哥	86.4	15	16	↓1	93.63%
洛杉矶	86.04	17	17	-	100.20%
多伦多	84.76	18	18	-	95.29%
大阪	83.7	19	19	-	88.84%
莫斯科	82.4	20	20	-	102.11%

2022 年，20 个城市的科技创新能力指数排名结果显示，北京、波士顿、纽约、旧金山和伦敦等城市科创能力指数最高，处于第一梯队，其中纽约较 2021 年上升一个位次，旧金山下降一个位次。上海、巴黎、深圳、东京、斯德哥尔摩处于第二梯队，上海排名第六位，较 2021 年上升一个位次，深圳较 2021 年上升两个位次，发展势头迅猛。首尔、新加坡、柏林、阿姆斯特丹和香港排在第三梯队，而芝加哥、洛杉矶、多伦多、大阪、莫斯科位于第四梯队。

从地域上来看，处于第一梯队的创新城市，仍然以欧美知名创新型城市为主。这些城市拥有丰富的科技创新资源，构建了完善的资源流动和配置体系，在领先技术和未来产业领域走在最前沿，引领全球研发创新和技术变革，是新知识、新技术、新产品、新产业的策源地。值得一提的是，北京作为中国科技基础最为雄厚、创新资源最为集聚、创新主体最为活跃的区域之一，位居榜首，充分体现了国际科技创新中心建设取得的重要进展和显著成效。

从发展速度来看，大多数发达国家的科创城市，排位处于下降趋势，而发展中国家的科创城市集体处于上升态势，如中国的北京、上海、深圳、香港；俄罗斯的莫斯科，排位较 2021 年均有所上升。在科创能力指数方面，上海分别在活跃科研人员、专利申请、学企合作方面增幅较大，综合指数增速排名第一。在应对各种全球性挑战的过程中，科技自立自强已成为发展中国家的科创城市的重要战略支撑。

表 1-2　2022 年科技创新能力指数一级指数排名

城市	创新要素集聚力	排名	科学研究竞争力	排名	技术创新竞争力	排名	知识转化竞争力	排名
北京	100.00	1	92.83	8	98.52	2	100.00	1
波士顿	91.29	2	100.00	1	96.80	5	88.61	5
纽约	90.65	4	95.88	3	83.84	13	92.10	4
旧金山	86.15	8	93.56	6	100.00	1	84.58	10
伦敦	89.32	5	97.44	2	82.02	18	86.58	7
上海	91.24	3	89.33	16	89.94	8	86.39	8
巴黎	88.52	6	91.59	11	84.76	10	95.36	2
深圳	84.57	11	90.63	14	97.38	3	84.32	11
东京	87.34	7	85.68	18	91.43	7	94.83	3
斯德哥尔摩	80.96	20	93.40	7	97.09	4	81.76	17
首尔	82.96	13	87.53	17	95.31	6	87.98	6
新加坡	83.71	12	92.81	9	84.35	12	83.37	12
柏林	85.03	9	94.09	5	83.37	14	81.55	18
阿姆斯特丹	82.68	15	94.39	4	82.55	15	80.98	20
香港	82.96	14	91.69	10	81.41	19	82.99	13
芝加哥	84.91	10	90.07	15	82.54	16	82.19	15
洛杉矶	82.59	16	91.09	12	84.37	11	82.59	14
多伦多	81.66	19	90.64	13	81.37	20	82.07	16
大阪	82.22	18	82.33	20	82.03	17	81.13	19
莫斯科	82.26	17	82.97	19	85.18	9	85.03	9

创新要素集聚力方面，北京、波士顿、上海在吸引驱动国际创新要素汇聚和流动方面体现出强大优势，排在前三。

科学研究竞争力方面，波士顿、伦敦和纽约排在前三位，这些城市都聚集了一大批世界顶尖学府，为城市科技创新发展提供了源源不断的人才资源。例如波士顿的哈佛大学、麻省理工学院，伦敦的伦敦大学学院、帝国理工学院，纽约的哥伦比亚大学、纽约大学等名校，引领了一批高质量科研成果，营造了开放活跃的科研合作氛围。上海排名十六，科学研究竞争力仍然相对薄弱。

技术创新竞争力方面，旧金山、北京和深圳排在前三位，上海排名第八。本研究中旧金山的行政范围仅指旧金山市，其人均技术应用成果全球遥遥领先。

知识转化竞争力这一指标上，北京、巴黎和东京位居前三，这些城市通过打造优势产业集群，打通企业、大学和科研院所间的合作通道，形成“反馈环”，加速科学知识向产业应用转化。上海位列第八，知识转化优势不显著。

第二章

创新要素集聚力综合排名

表 2-1　2022 年创新要素集聚力指数排名

城市	高层次科技人才	排名	创新机构	排名	创新设施	排名
北京	98.13	2	100.00	1	100.00	1
波士顿	100.00	1	86.97	8	81.76	13
纽约	97.01	3	89.47	5	81.18	14
旧金山	85.42	9	83.03	13	89.80	3
伦敦	87.12	4	90.83	4	89.61	4
上海	85.88	6	89.02	6	100.00	2
巴黎	86.38	5	91.89	3	86.76	8
深圳	81.50	17	84.92	9	88.04	6
东京	83.94	10	95.76	2	82.06	12
斯德哥尔摩	80.78	20	81.97	17	80.00	19
首尔	81.59	16	87.12	7	80.00	18
新加坡	83.39	12	82.95	14	84.51	9
柏林	82.83	14	83.71	11	89.02	5
阿姆斯特丹	81.36	18	82.80	16	84.12	10
香港	83.67	11	83.79	10	80.59	15
芝加哥	85.48	8	81.21	18	87.45	7
洛杉矶	85.77	7	80.38	19	80.00	20
多伦多	83.20	13	80.38	20	80.59	17
大阪	81.02	19	82.88	15	82.94	11
莫斯科	82.10	15	83.71	12	80.59	16

一、高层次科技人才集聚力

高层次科技人才是提高城市科技创新竞争力的核心要素。顶尖科学家和高被引科学家是在科研领域有重大且广泛影响的高层次人才，实现这类人才集聚有助于科创城市发挥“磁场效应”，不断构筑科研创新高地。

（一）波士顿、纽约是顶尖科学家主要集聚地

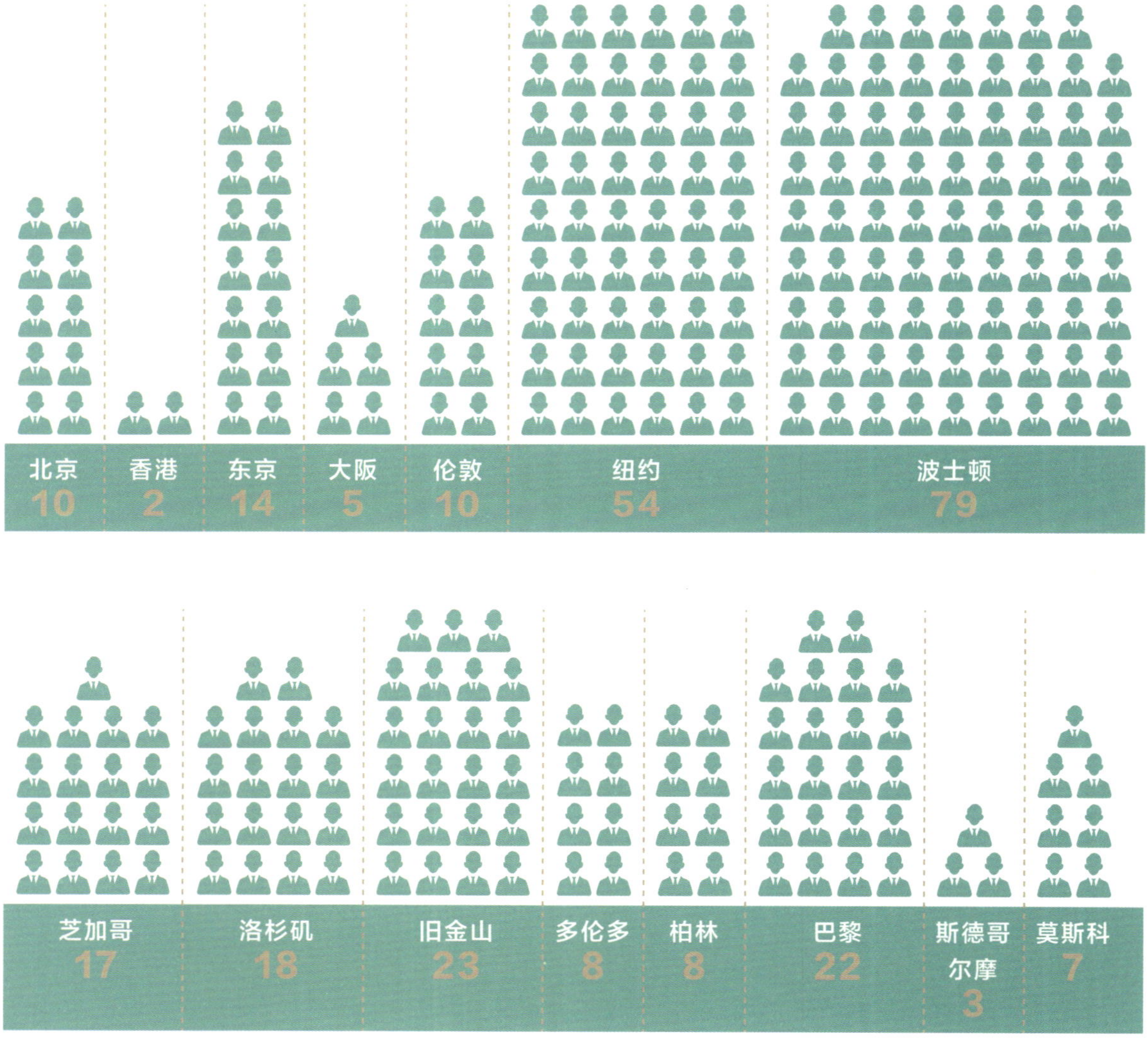

图 2-1　2022 年顶尖奖项人才分布情况

在顶尖科学家集聚方面，波士顿、纽约、旧金山等美国城市表现非常突出，这些地区集聚了一批世界顶尖名校，浓厚的学术氛围和人文气息吸引全球顶尖科学家在此开展研究创新。亚洲城市除东京、北京外，顶尖科学家集聚能力较弱，上海、深圳、首尔、新加坡、阿姆斯特丹这些城市暂时还未实现顶尖科学家零的突破。

（二）北京高被引科学家数量全球第一

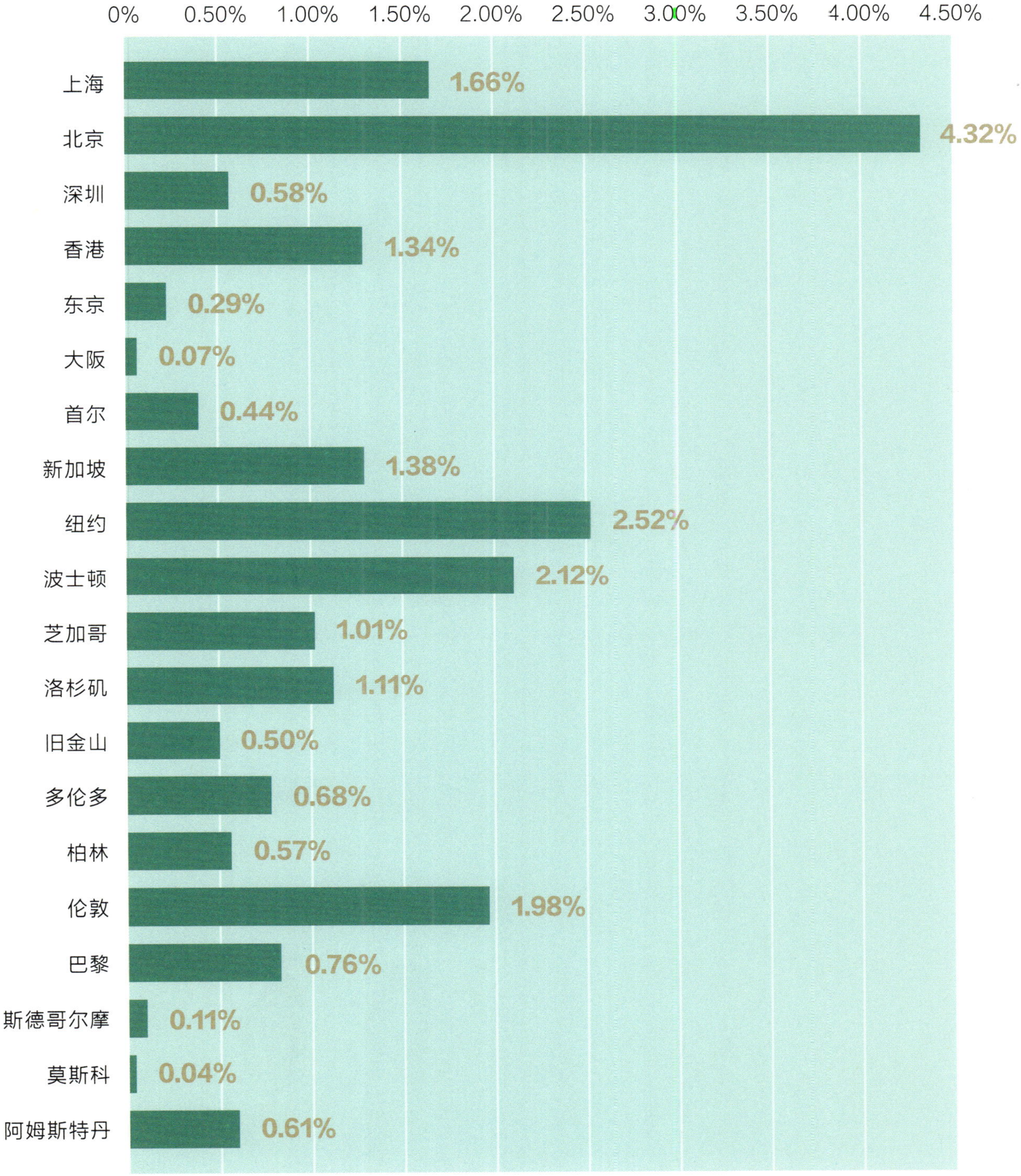

图 2-2　2022 年高被引科学家全球占比分布情况

高被引科学家方面，从体量上来看，北京、纽约、波士顿、伦敦和上海集聚了一大批高被引科学家。尤其是北京，2022 年高被引科学家数达 312 人次，全球排名第一，与其他城市拉开显著差距，中国科学家的学术影响力持续提升。

（三）北京、上海活跃科研人员规模保持领先

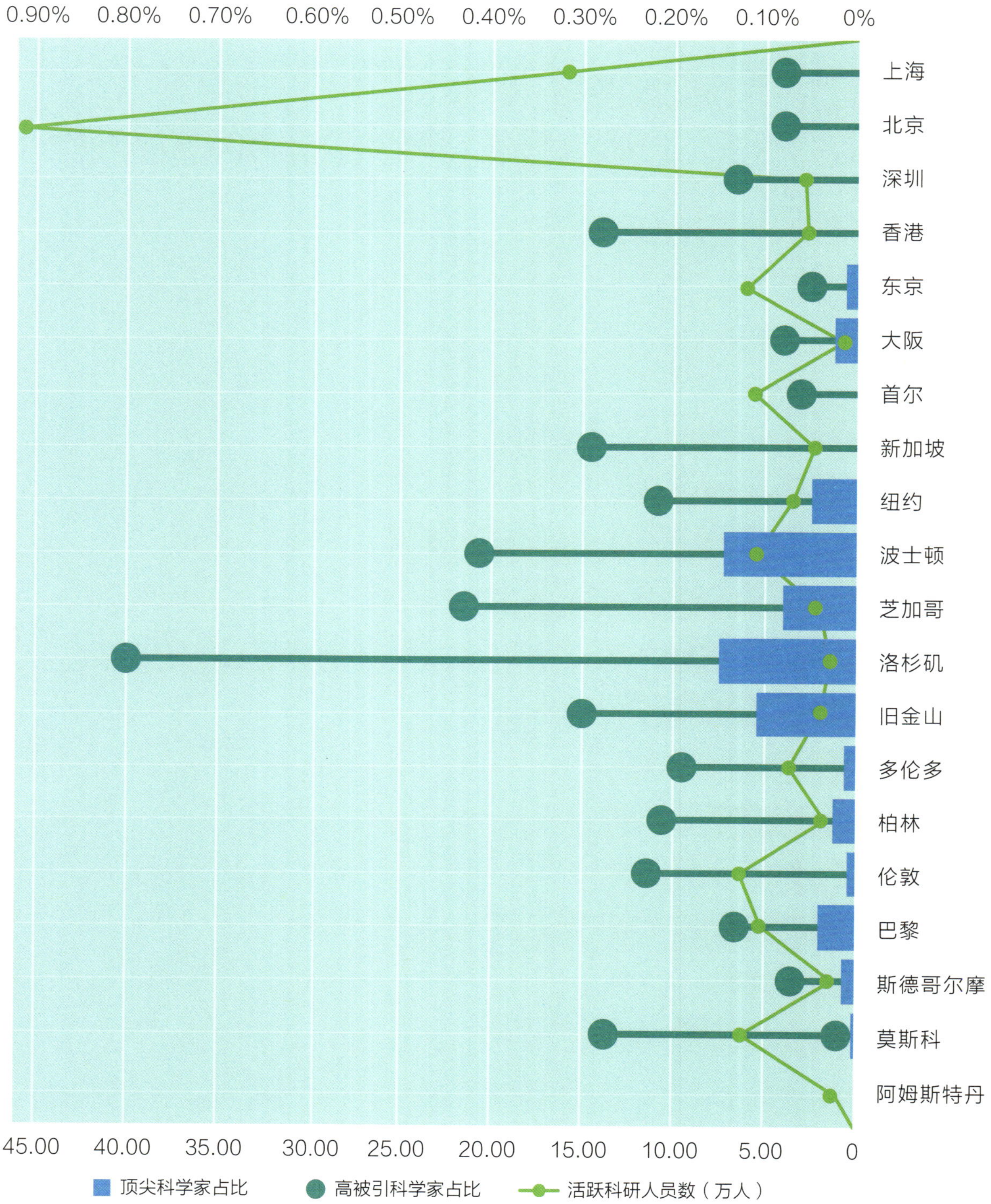

图 2-3　2022 年顶尖科学家与高被引科学家占比分布情况

在活跃科研人员方面，北京、上海集聚了大量活跃科研人员，在数量上占据优势，与其他热点城市形成量级上的差距。虽然科研人员规模多年保持世界领先，但从顶尖科学家与高被引科学家占比上看，北京、上海在人才质量发展、吸引培育顶尖科学家方面还需进一步探索，在打造高水平人才高地、实现高质量发展方面仍需下功夫。

二、创新机构集聚力

创新机构是科技创新活动的行为主体，是区域创新体系中最重要的组成部分。国立科研机构和高水平研究型大学是科学创新主体，领军企业是技术创新主体，作为国家战略科技力量的组成部分，三者协同创新，助力高水平科技自立自强。

（一）巴黎、东京的国立科研机构总部数量最多

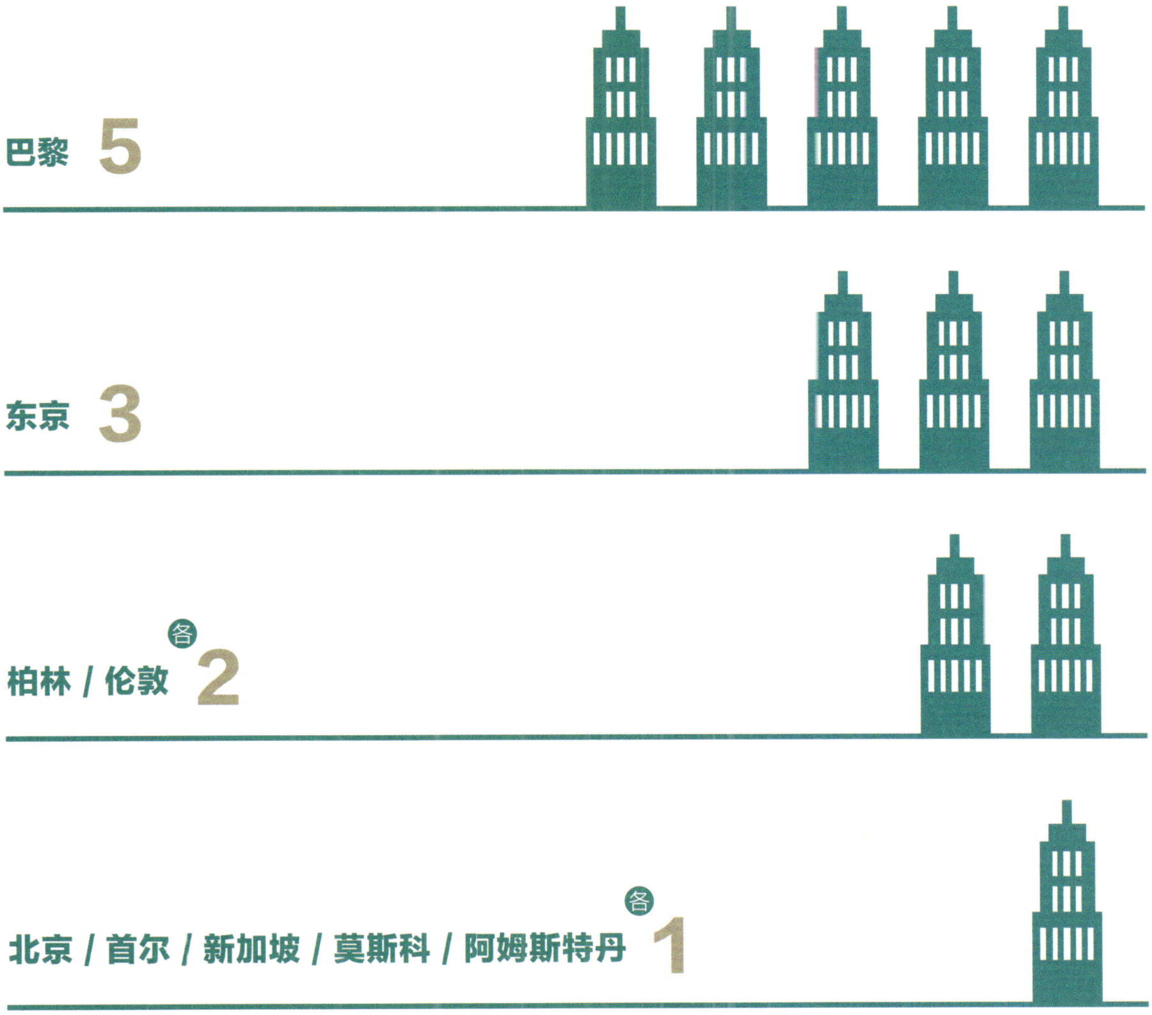

图 2-4　2022 年国立科研机构总部分布情况

国立科研机构是国家创新系统的重要组成部分，它以国家战略需求为导向，着力解决影响制约国家发展全局和长远利益的重大科技问题。对全球国立科研机构总部所在城市进行统计分析发现，20 座城市中仅 9 座城市拥有国立科研机构总部，巴黎、东京总部数量最多，分别有 5 家和 3 家。

（二）北京、纽约研究型大学学术体量居前列

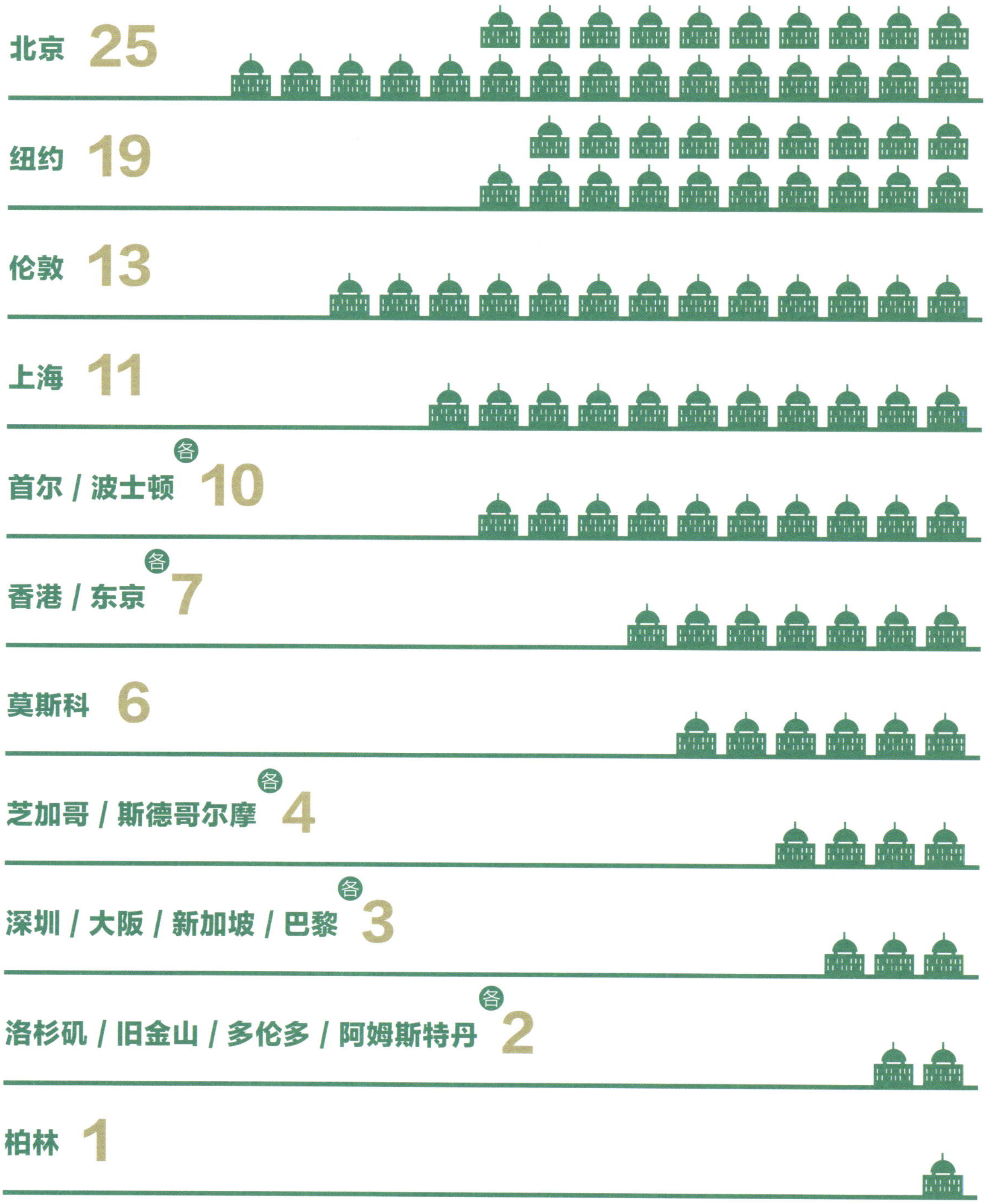

图 2-5　2022 年高水平研究型大学分布情况

根据“软科 2022 世界大学学术前 1 000 排名”，对 20 座城市高水平研究型大学的数量统计可以看到，北京、纽约、伦敦拥有的大学最多，2022 年分别有 25 家、19 家和 13 家，上海则有 11 家高校。与 2021 年相比，大部分城市上榜大学数量基本不变，北京增加 1 家、莫斯科增加 1 家，而东京和纽约各减少 1 家。

（三）北京、东京科技领军企业优势突出

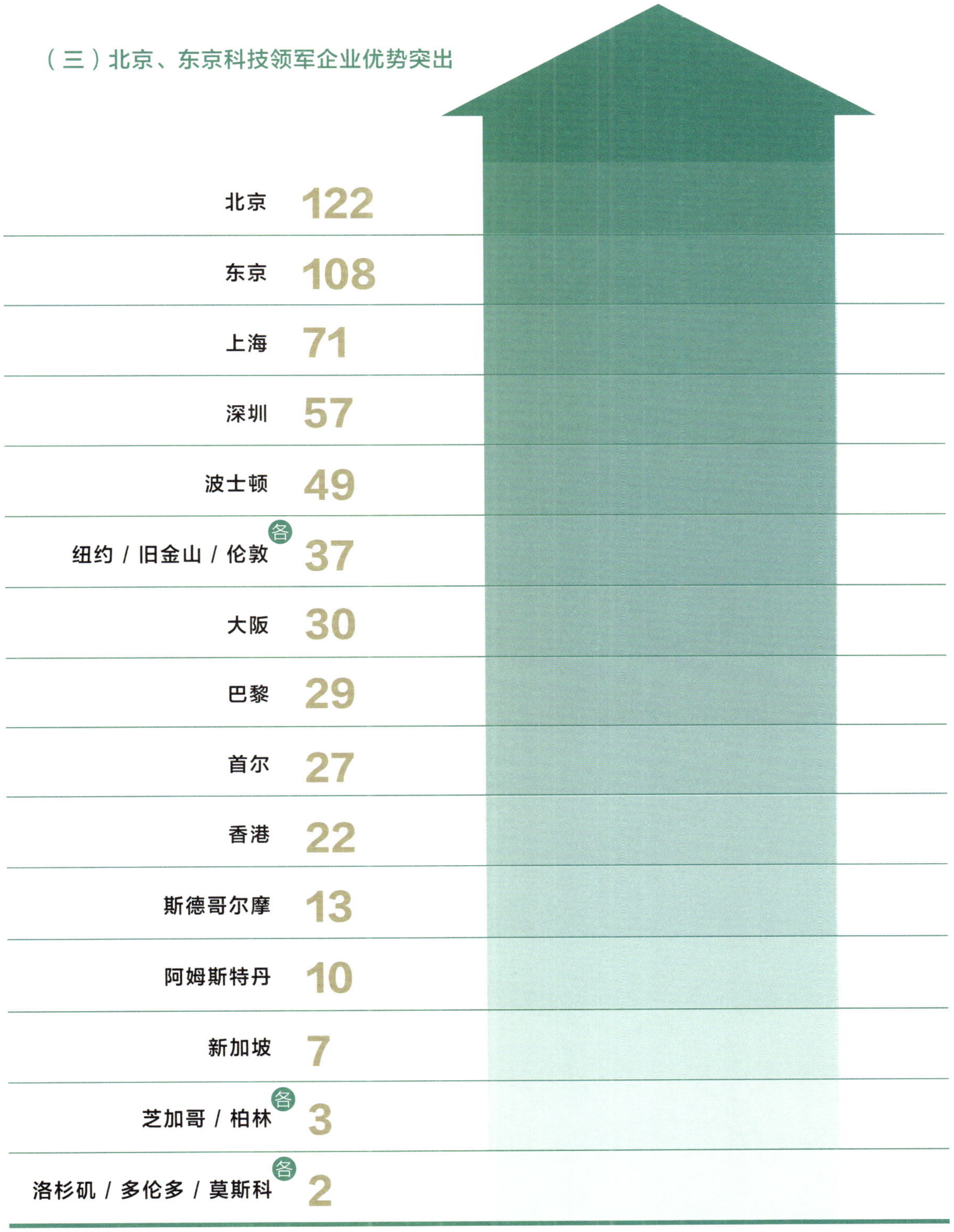

图 2-6　2022 年科技领军企业分布情况

企业是国家创新系统的核心主体，科技领军企业更是我国全面提升国家创新体系效能的先锋队、是参与国际科技竞争和掌握国际科技创新话语权的代表者。对 20 座城市的科技领军企业数量进行统计可以看到，北京、东京、上海科技领军企业数量最多，2022 年分别有 122 家、108 家和 71 家。相较于 2021 年，上海、新加坡、北京科技领军企业集聚最快，增长速率分别为 20.3%、16.7% 和 10.9%。

三、创新设施集聚力

（一）北京、上海大科学装置建设如火如荼，深圳加速追赶

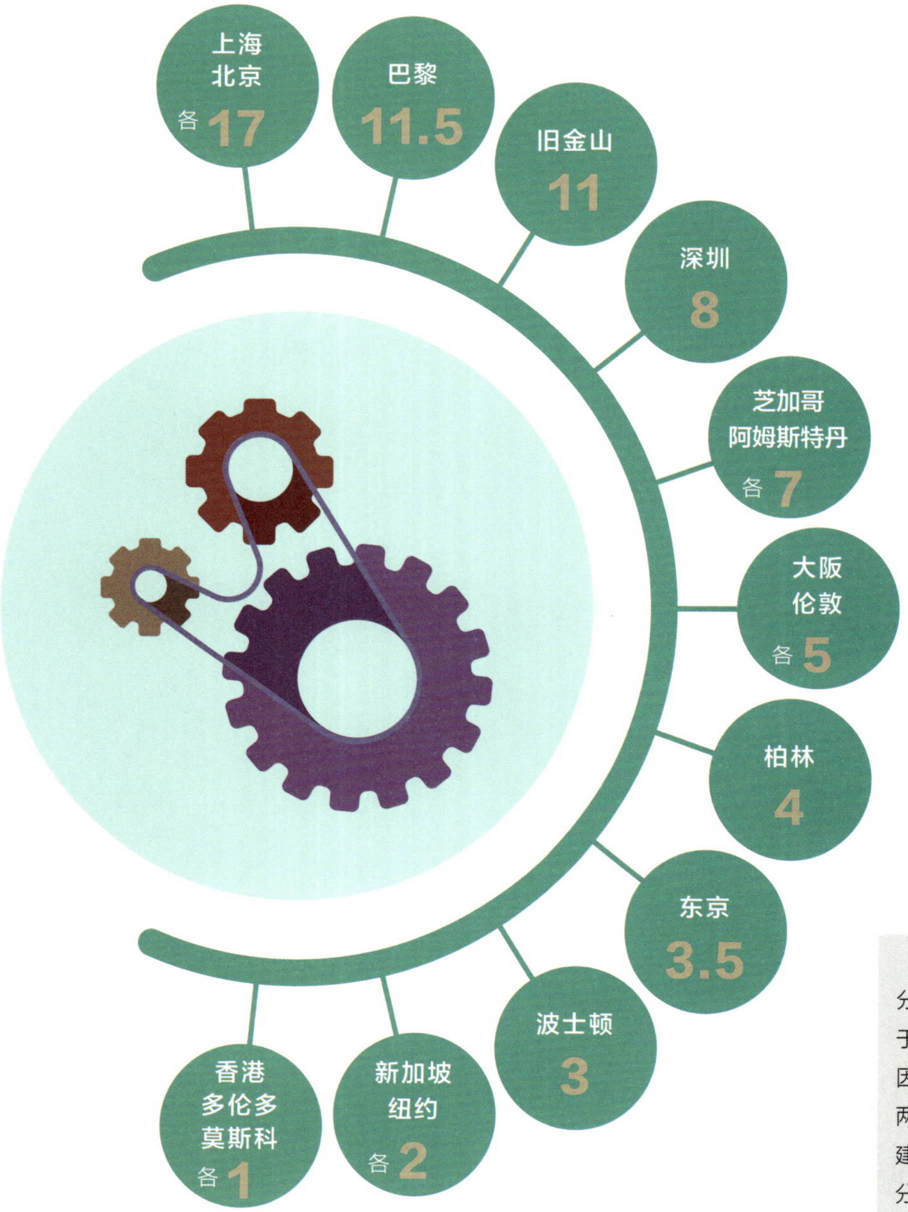

注：由于部分大科学装置属于国际合作项目，因此在分析中将两座城市合作共建的大科学装置分别计数为 0.5。

图 2-7　2022 年大科学装置分布情况

大科学装置是人类探索未知世界、提高科技原始创新能力的物质基础，代表了一个国家的科技发展水平。对 20 座城市的大科学装置数量进行统计可以看到，上海、北京、巴黎、旧金山拥有的大科学装置数量最多，2022 年数据显示分别有 17 个、17 个、11.5 个和 11 个。其中，深圳、北京、芝加哥在 2022 年分别新增 2 个、1 个和 1 个大科学装置，在大科学装置方面建设发展更加迅速。

（二）北京、上海重视国家实验室建设规划

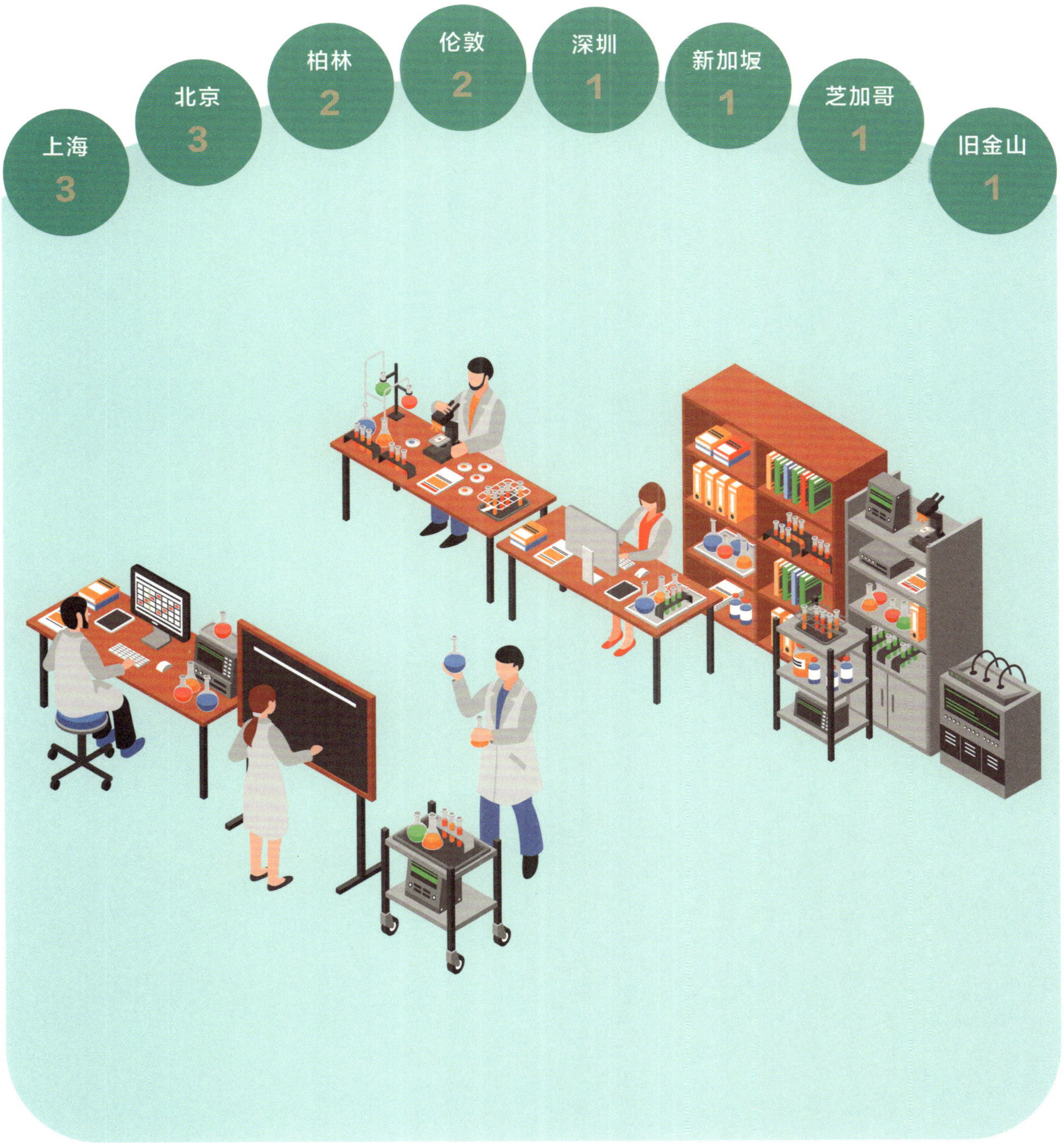

图 2-8　2022 年国家实验室分布情况

国家实验室是体现国家意志、实现国家使命、代表国家水平的大型创新设施之一，是实现高水平科技自立自强的有力支撑。对 20 个热点城市国家实验室数进行统计发现，北京、上海拥有的国家实验室最多，各自都有 3 家，超半数城市还未建立起国家实验室。

第三章

科学研究竞争力综合排名

表 3-1 2022 年科学研究竞争力指数排名

城市	论文产出体量	排名	论文产出质量	排名	国际合作程度	排名
北京	82.22	19	93.72	6	95.86	3
波士顿	100.00	1	100.00	1	90.55	8
纽约	86.52	11	97.54	2	93.42	6
旧金山	89.26	4	96.02	4	83.70	19
伦敦	88.62	6	97.23	3	100.00	1
上海	80.60	20	91.84	13	86.36	12
巴黎	84.73	13	91.48	14	94.32	5
深圳	83.84	16	92.93	9	85.54	14
东京	82.53	18	86.22	18	84.75	15
斯德哥尔摩	92.48	2	92.04	11	92.76	7
首尔	84.43	14	88.08	17	85.65	13
新加坡	84.81	12	93.18	8	94.63	4
柏林	88.03	8	91.91	12	89.60	11
阿姆斯特丹	91.66	3	94.07	5	90.28	9
香港	89.09	5	93.38	7	97.06	2
芝加哥	88.26	7	91.03	15	84.10	16
洛杉矶	87.64	9	92.80	10	84.01	17
多伦多	86.61	10	90.63	16	90.21	10
大阪	83.70	17	82.81	19	81.25	20
莫斯科	83.97	15	81.04	20	83.73	18

一、论文产出体量

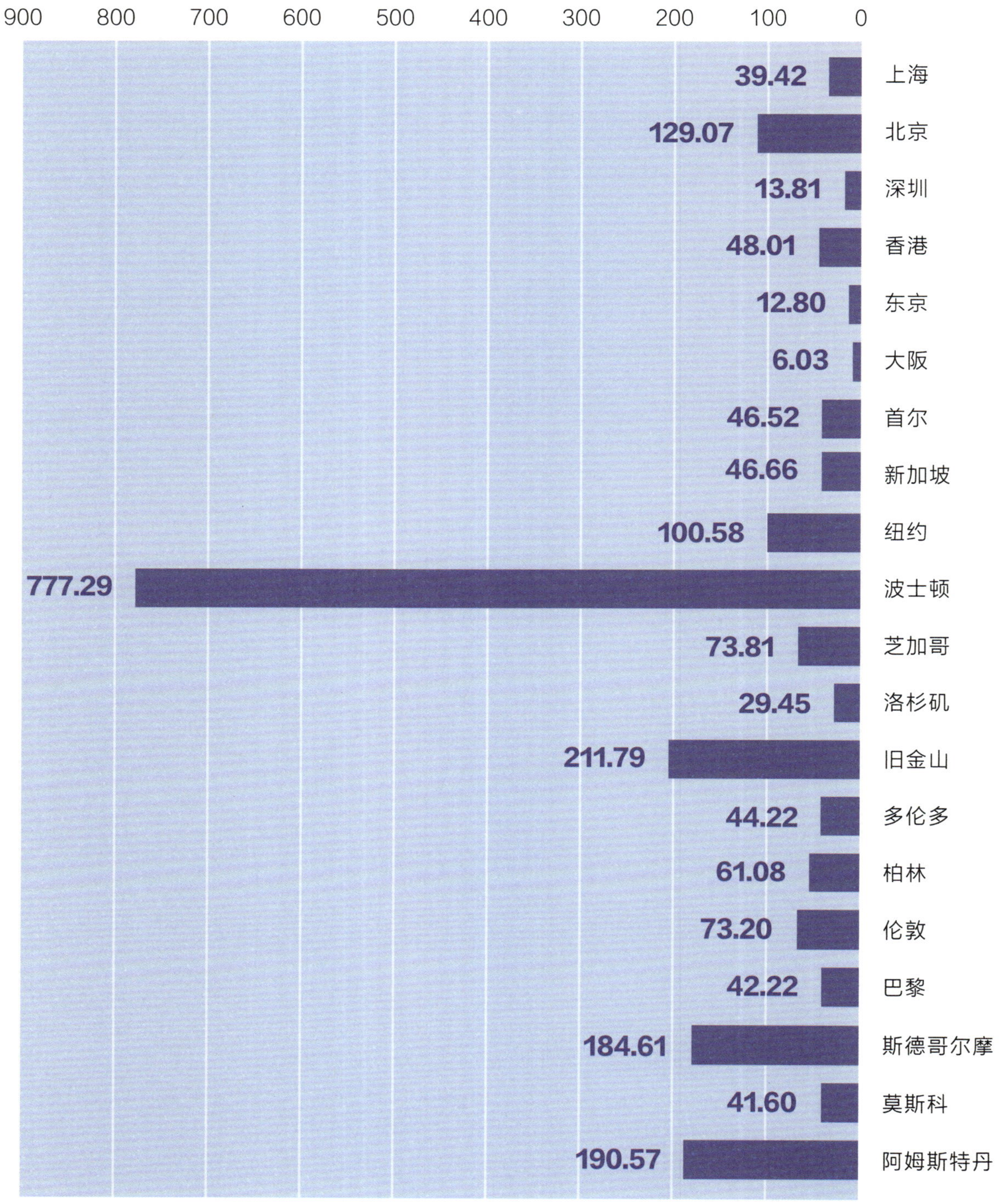

图3-1　2022年每万人论文发文量分布情况

由于各城市的人口数量存在较大差异，为消除人口基数对于论文体量的影响，采用每万人论文发文量和科研人员人均论文量作为衡量各城市基础研究成果强弱的产出级指标。根据2022年每万人论文发文量，波士顿每万人发文777.29篇，其次为旧金山、阿姆斯特丹和斯德哥尔摩（见图3-1）。

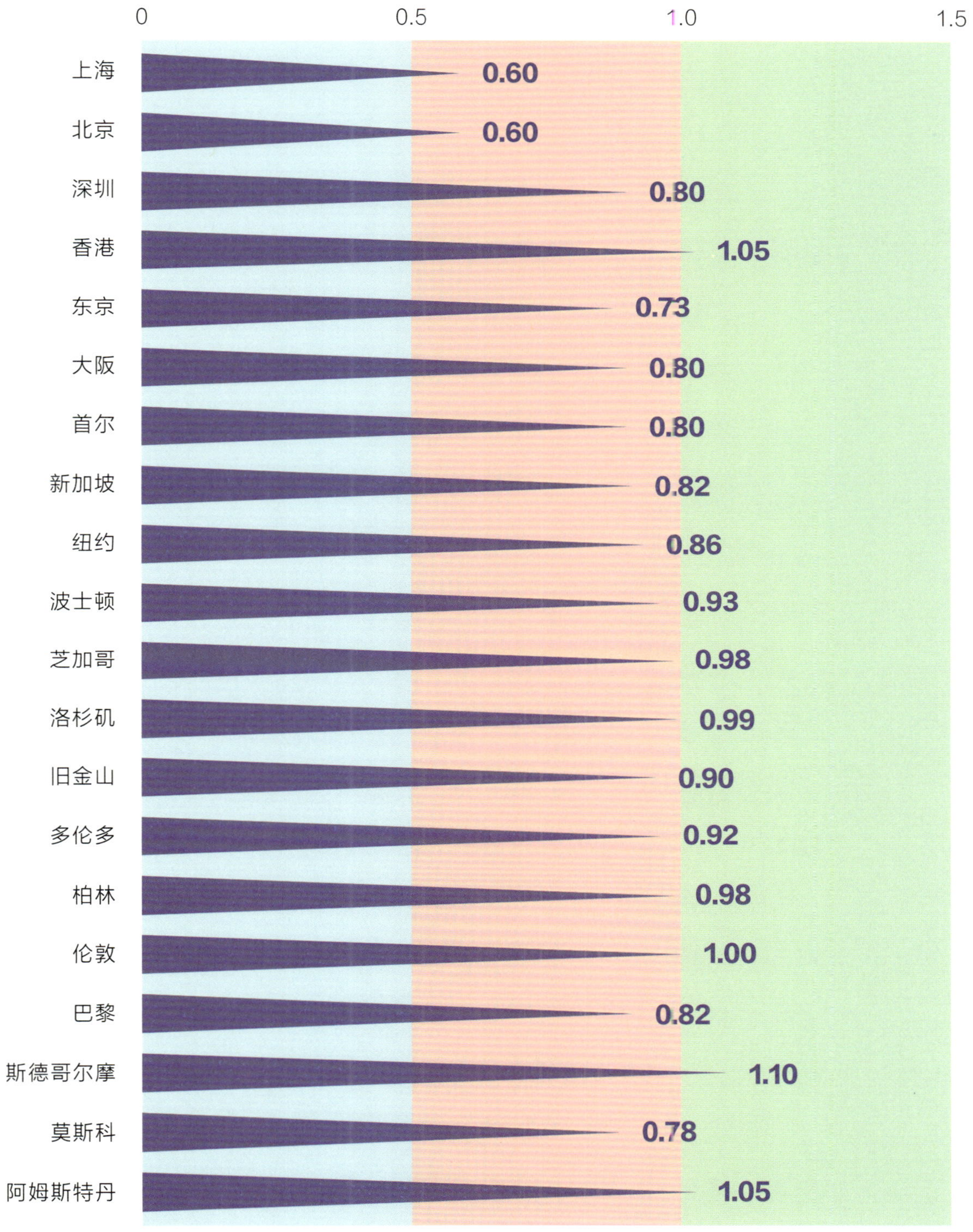

图 3-2 2022 年科研人员人均发文量分布情况

从 2022 年科研人员人均发文量统计可以看出，人均发文大于或等于 1 篇的仅有斯德哥尔摩、香港、阿姆斯特丹和伦敦 4 座城市。亚洲城市除香港外都表现不佳，北京和上海的科研人员人均论文量排在 20 座城市最末，仅 0.6 篇，与这两座城市论文总发文量位居前二形成鲜明对比，说明这两座城市还需进一步提升人均科研产出效率。

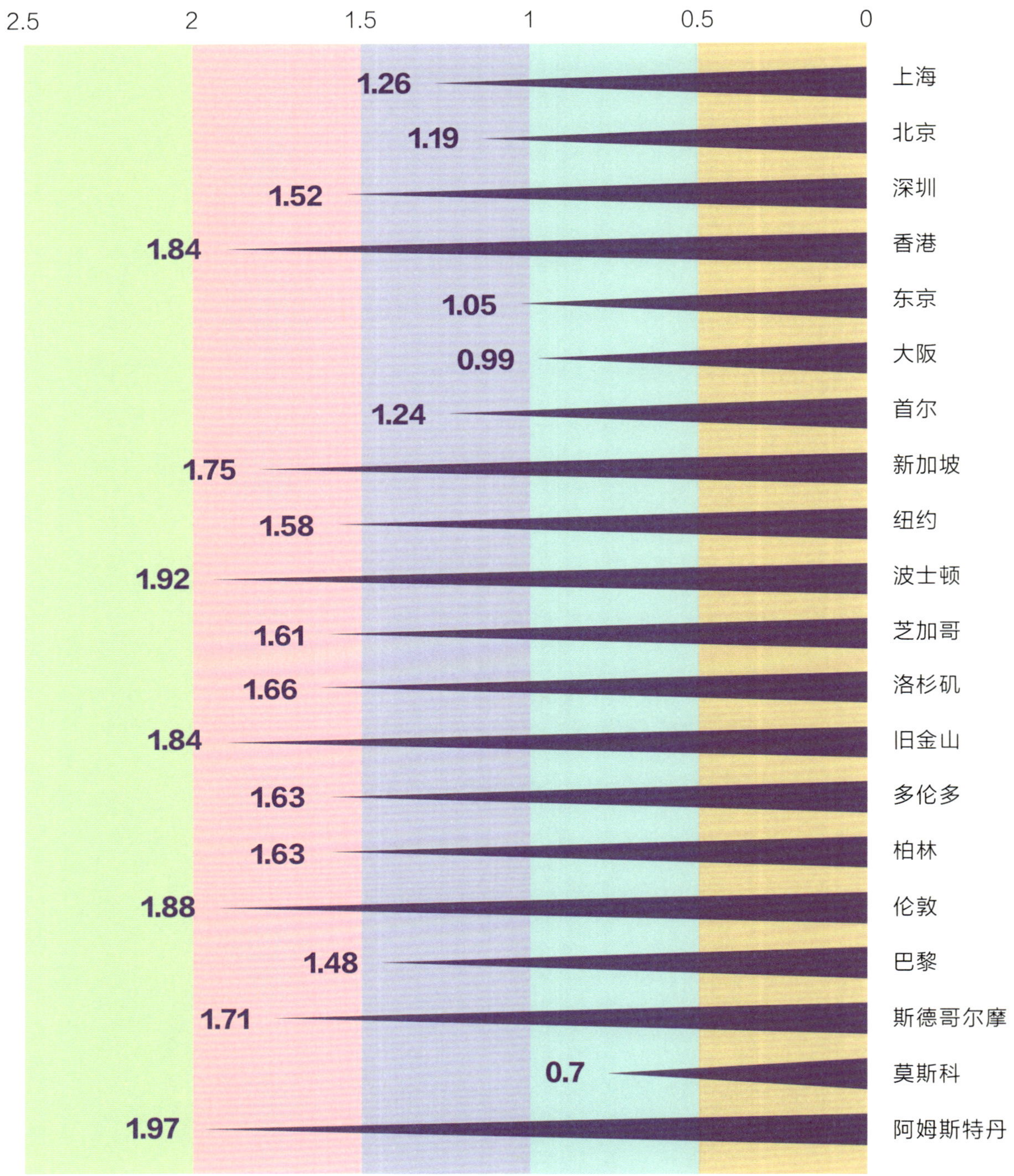

图 3-3　2022 年论文 FWCI 表现情况

科研文献的归一化引文影响力 (field-weighted citation impact, FWCI) 是目前国际公认的一种定量评价科研论文影响力的方法。2022 年论文 FWCI 位列前 5 名的城市有阿姆斯特丹（1.97）、波士顿（1.92）、伦敦（1.88）、旧金山（1.84）和香港（1.84）。这五座城市的 FWCI 值均在 2 左右，说明该城市论文影响力约为世界平均水平的 2 倍。总体上，欧美城市的 FWCI 基本都在 1.5 以上，超过平均水平，基础研究成果质量较高，莫斯科、大阪科研产出 FWCI 尚不足 1，低于全球平均水平。

在高影响力成果方面，Top1%、Top10% 高被引论文量位居前五位的城市均为北京、上海、纽约、伦敦和波士顿。北京高被引论文量领先优势明显，上海虽排第二名，但总量仅占北京的 2/5，还存在一定的差距。从两项指标的占比来看，香港、深圳、新加坡、波士顿、阿姆斯特丹位列前五，这些城市的科研质效较高，科研实力较强。

二、论文产出质量

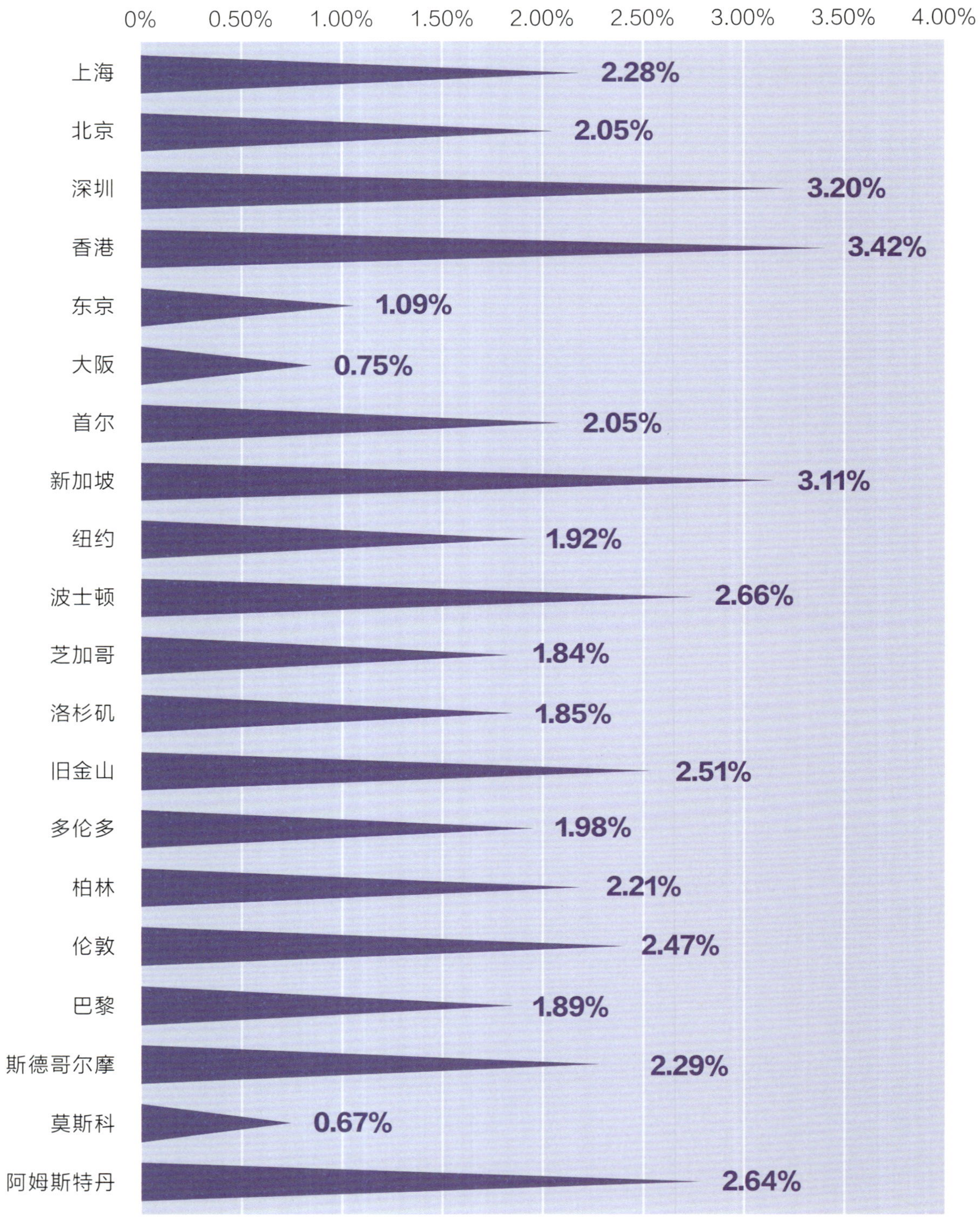

图 3-4　2022 年 Top1% 高被引论文量占比情况

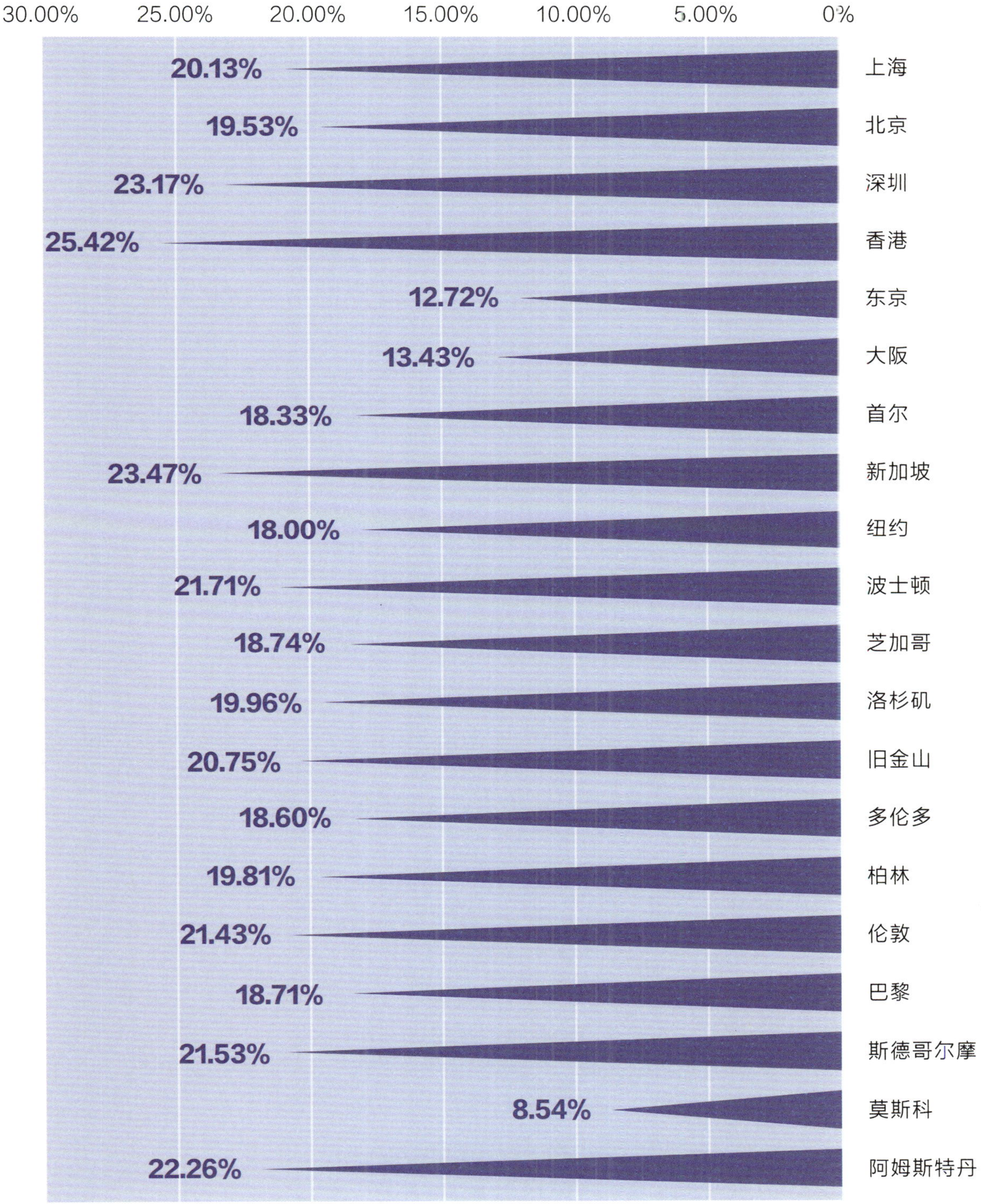

图 3-5　2022 年 Top10% 高被引论文量占比情况

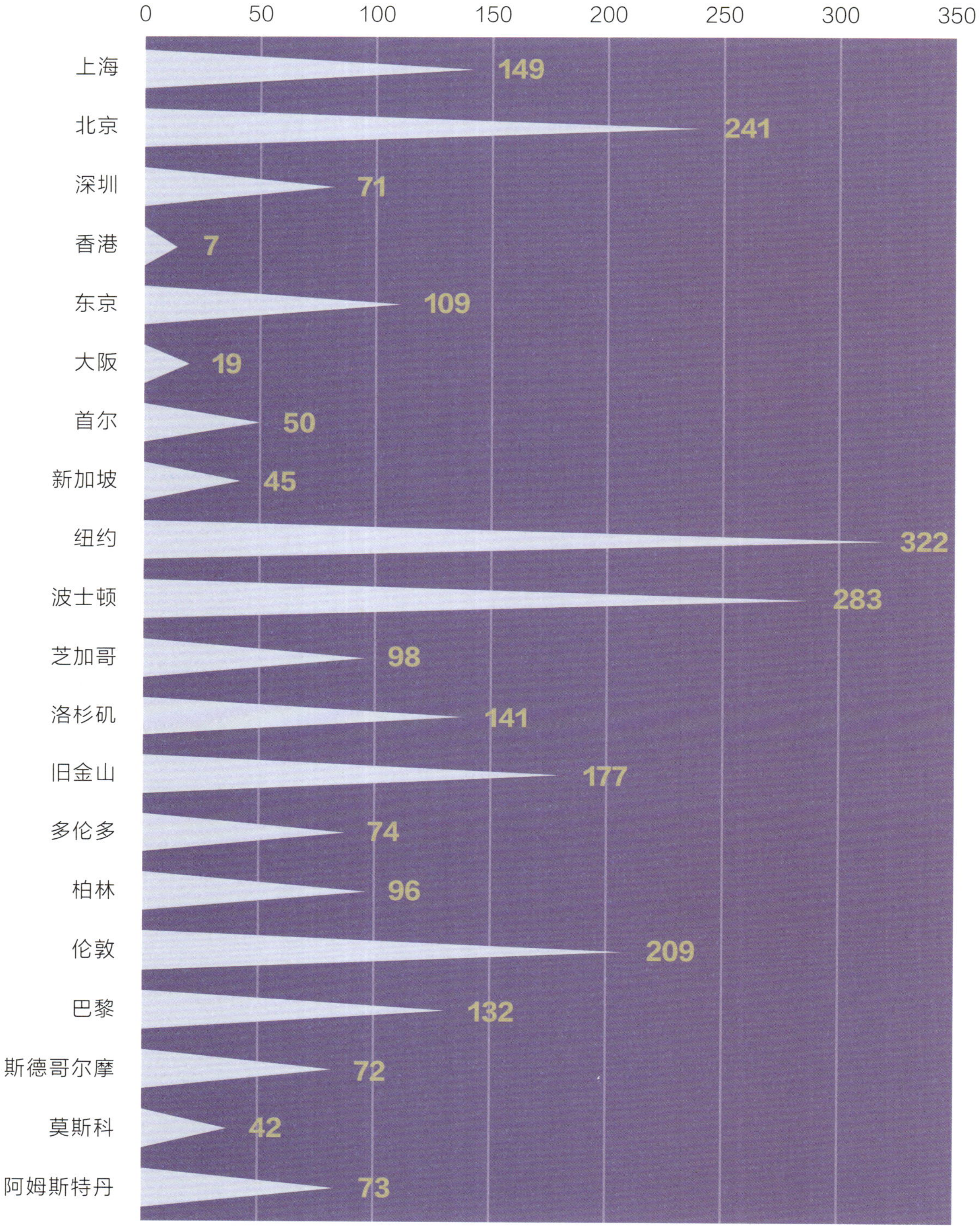

图 3-6　2022 年 CNS 发文量分布情况

在顶尖成果方面，根据 2022 年 20 座城市的 CNS 发文量统计，纽约和波士顿排名前两位，分别有 322 篇和 283 篇，北京和伦敦紧随其后，超过 200 篇。与排名中的欧美城市相比，亚洲城市在顶尖期刊上的整体表现一般。

三、国际合作程度

2022 年新冠肺炎疫情席卷全球，许多国际学术会议、学者之间的跨境实验合作、交流互访等国际合作形式遭遇了重大挑战。尽管国际间面对面的学术和科研合作交流机会受阻，但依然无法阻挡科学知识、学术思想的传播交流。

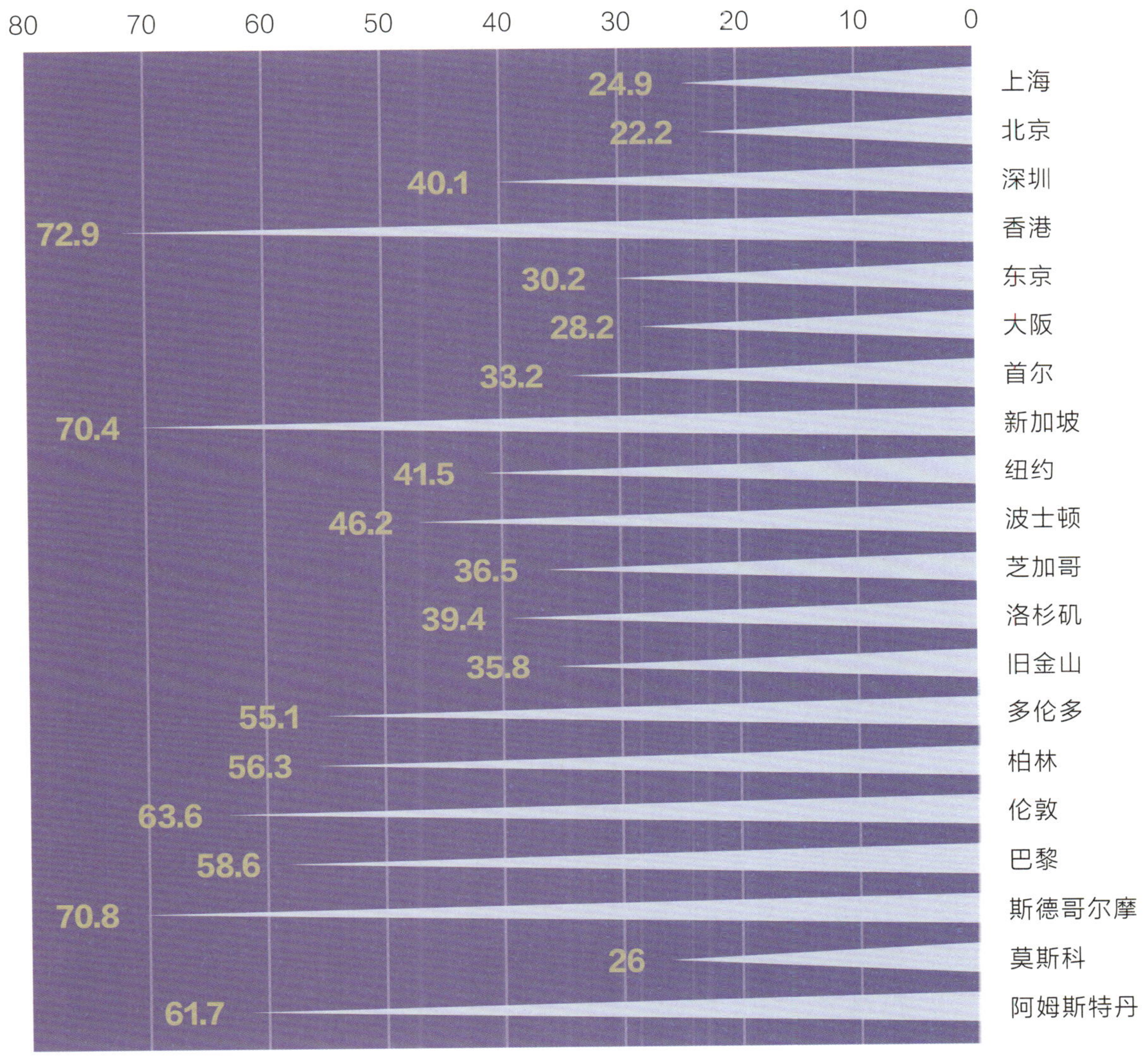

图 3-7　2022 年国际合作发文占比分布情况

在国际合作发文方面，处于前列的城市有北京、伦敦、纽约、巴黎和香港，2022 年国际科技合作发文量均突破 2.5 万篇，而大阪、洛杉矶排名落后，不到 0.5 万篇。

在国际合作发文占比方面，有 8 座城市国际合作发文占比超过 50%，其中香港、斯德哥尔摩和新加坡 3 座城市，国际化水平和合作程度最高，达到 70% 以上，位列前三。北京、上海在这一指标上表现欠佳，位列倒数第一第二，国际合作方面仍有较大的发展空间（图 3-7）。

第四章

技术创新竞争力综合排名

表 4-1　2022 年技术创新竞争力指数排名

城市	专利产出体量	排名	专利产出质量	排名	专利产出合作程度	排名
北京	95.94	2	86.88	6	97.82	2
波士顿	80.18	16	94.18	3	93.25	3
纽约	80.73	8	82.66	9	83.64	13
旧金山	80.47	11	100.00	1	87.80	5
伦敦	80.72	9	81.17	17	82.09	17
上海	92.75	3	83.42	8	85.38	12
巴黎	80.85	7	82.12	14	87.49	6
深圳	100.00	1	90.03	4	83.51	14
东京	90.80	4	85.82	7	86.00	9
斯德哥尔摩	80.34	13	98.83	2	82.43	16
首尔	84.92	5	87.80	5	100.00	1
新加坡	80.35	12	82.38	11	86.26	8
柏林	80.22	14	80.76	18	81.93	18
阿姆斯特丹	80.01	19	81.63	15	85.66	11
香港	80.56	10	82.14	13	81.41	19
芝加哥	80.18	15	82.36	12	81.28	20
洛杉矶	80.09	17	81.27	16	89.36	4
多伦多	80.07	18	80.30	19	83.13	15
大阪	82.07	6	82.43	10	86.53	7
莫斯科	80.00	20	80.02	20	85.79	10

一、专利产出体量

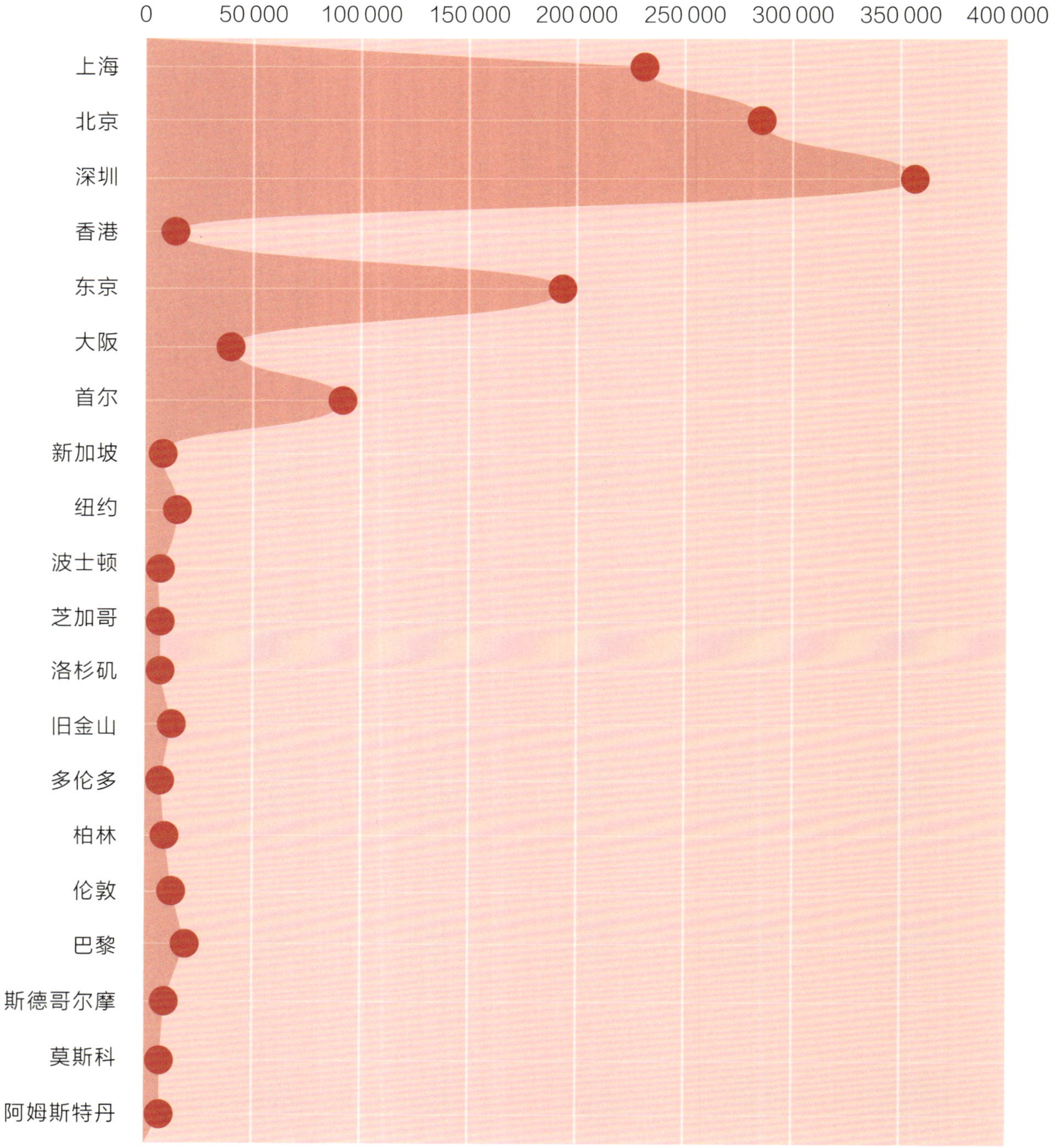

图 4-1　2020 年专利申请量分布情况

由于发明专利存在 18 个月的审查期（自申请之日起），现阶段 2022 年专利申请无法体现城市真实的技术创新水平，因此本报告使用 2020 年的专利数据反映各城市实际专利申请情况。从图 4-1 可以看出，亚洲 7 城均位居前十，专利申请数量远超欧美创新城市。特别是深圳一马当先，专利申请超 35 万件，几乎全部为企业自主申请。

二、专利产出质量

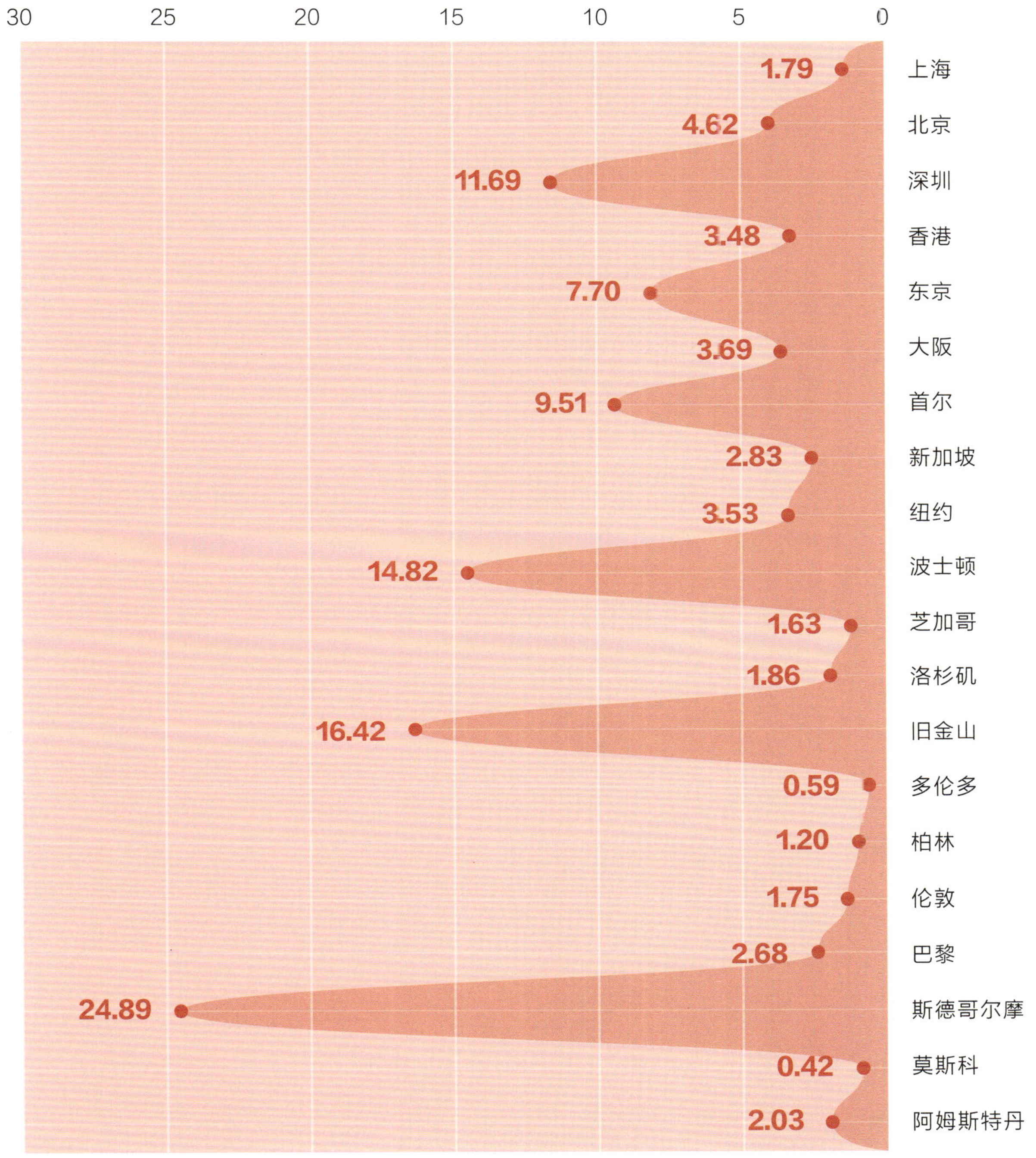

图 4-2　2020 年每万人 PCT 专利申请量分布情况

在专利申请质量上，2020 年每万人 PCT 专利申请数排名前五的城市为斯德哥尔摩、旧金山、波士顿、深圳和首尔（图 4-2）。2020 年每万人授权专利数来看，旧金山以 45.77 件 / 万人大幅领先其他城市，波士顿、北京、斯德哥尔摩和深圳分别位列 2～5 位（图 4-3）。

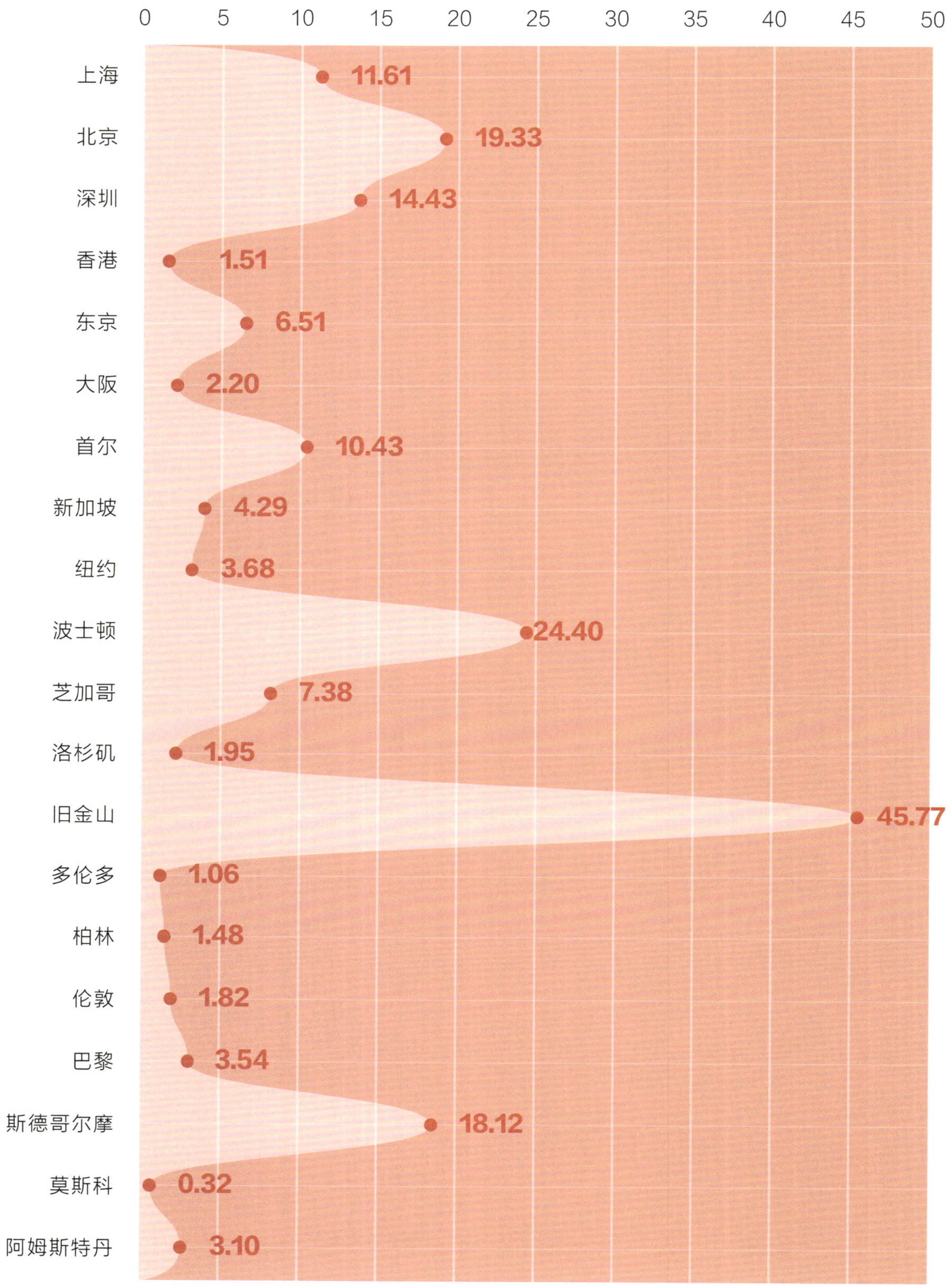

图 4-3　2020 年每万人授权专利数分布情况

三、专利产出合作程度

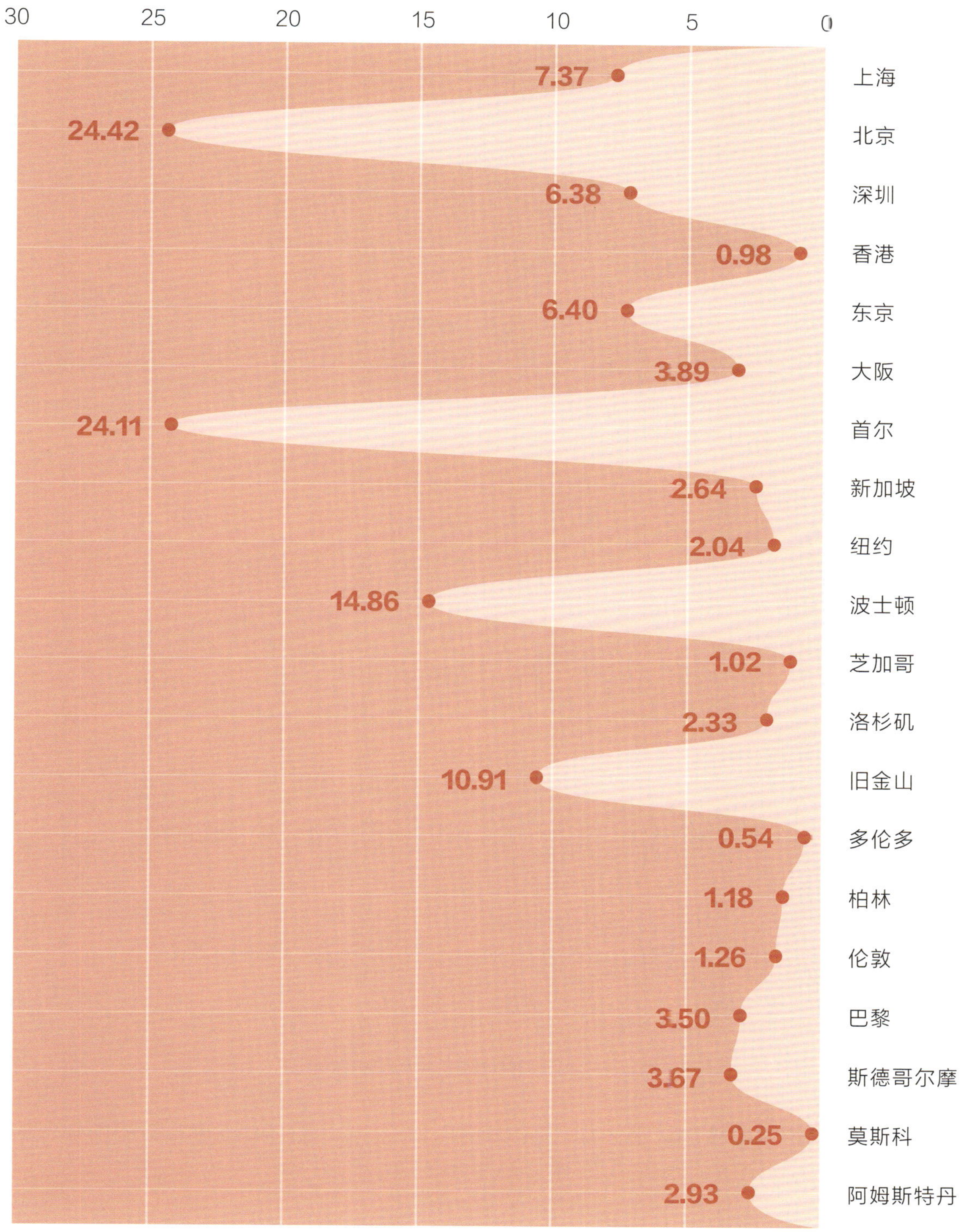

图 4-4　2020 年每万人合作申请专利数分布情况

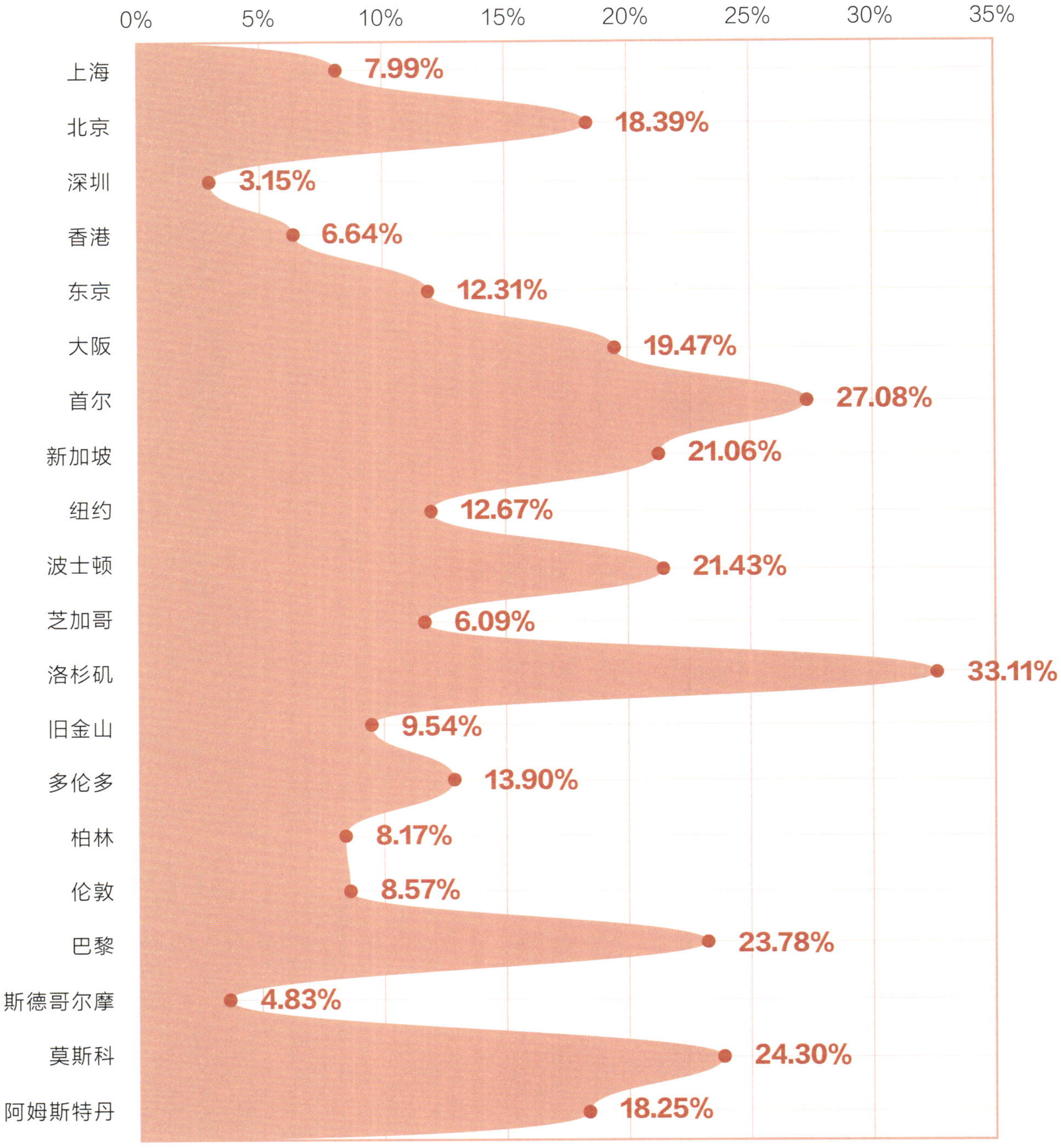

图 4-5　2020 年合作申请专利占比分布情况

在每万人合作申请专利方面，亚洲城市普遍表现优于欧美城市。北京和首尔表现最好，分别有 24.42 件 / 万人和 24.11 件 / 万人；上海以 7.37 件 / 万人排名第五。

从合作申请专利占比来看，洛杉矶、首尔合作申请专利占比最高，分别达 33.11% 和 27.08%。深圳在这一指标上垫底，反映出深圳企业强大的自主创新能力，也展示了深圳科技自立自强的城市发展战略理念。

第五章

知识转化竞争力综合排名

表 5-1 2022 年知识转化竞争力指数排名

城市	产学研合作	排名	学术经济价值	排名
北京	100.00	1	96.31	3
波士顿	84.34	8	98.38	2
纽约	88.29	5	100.00	1
旧金山	81.75	12	91.27	5
伦敦	83.88	9	92.56	4
上海	84.39	7	90.51	6
巴黎	97.16	2	87.74	9
深圳	83.86	10	84.74	13
东京	96.25	3	88.30	7
斯德哥尔摩	80.43	17	84.96	12
首尔	89.40	4	82.75	18
新加坡	83.19	11	83.22	17
柏林	81.42	13	86.59	10
阿姆斯特丹	80.36	18	84.42	14
香港	81.28	14	80.00	20
芝加哥	80.54	16	86.18	11
洛杉矶	80.31	19	88.19	8
多伦多	81.23	15	83.93	15
大阪	86.18	6	81.06	19
莫斯科	80.16	20	83.49	16

一、产学研合作成果产出

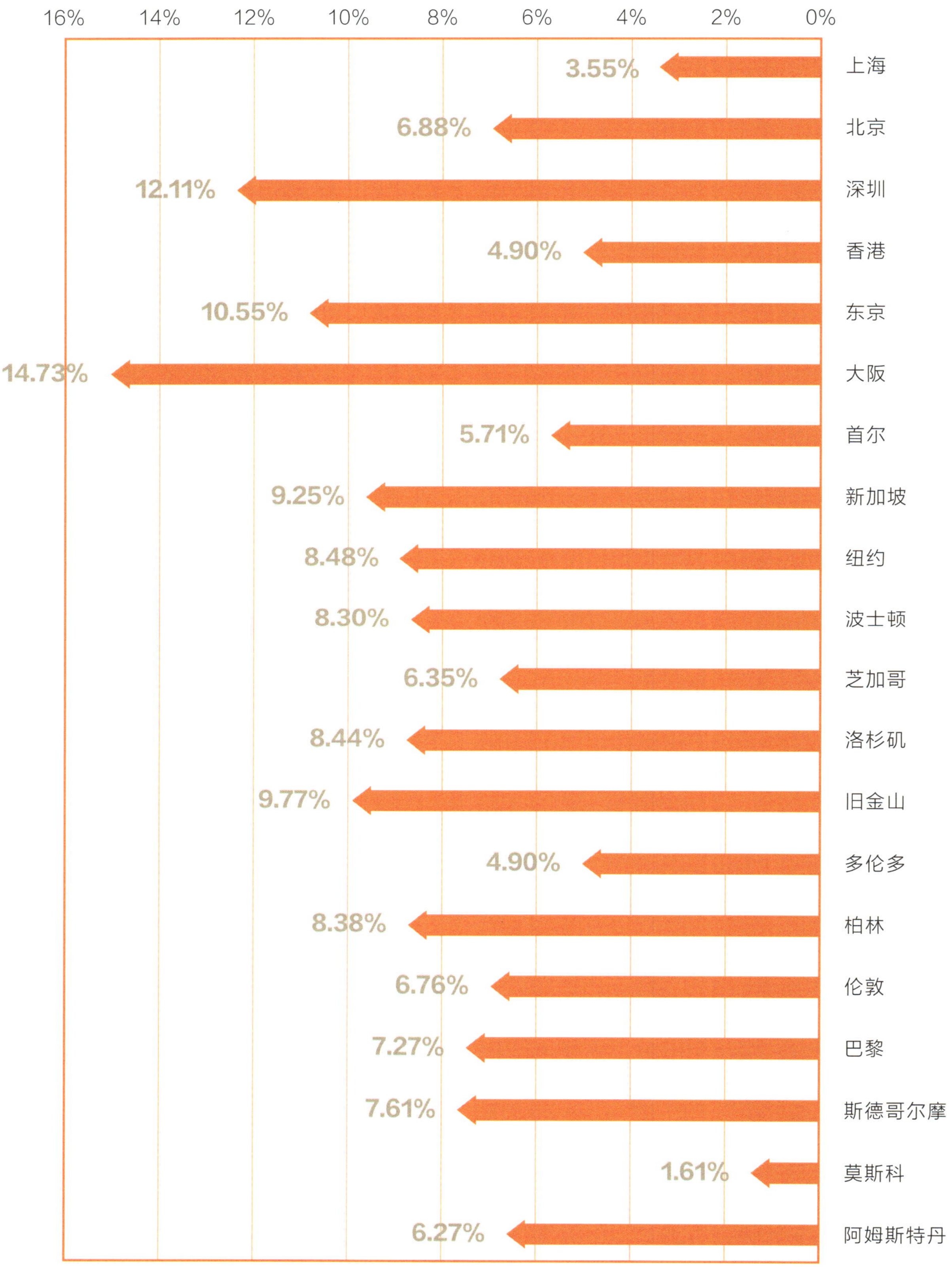

图 5-1　2022 年学企合作发文占比情况

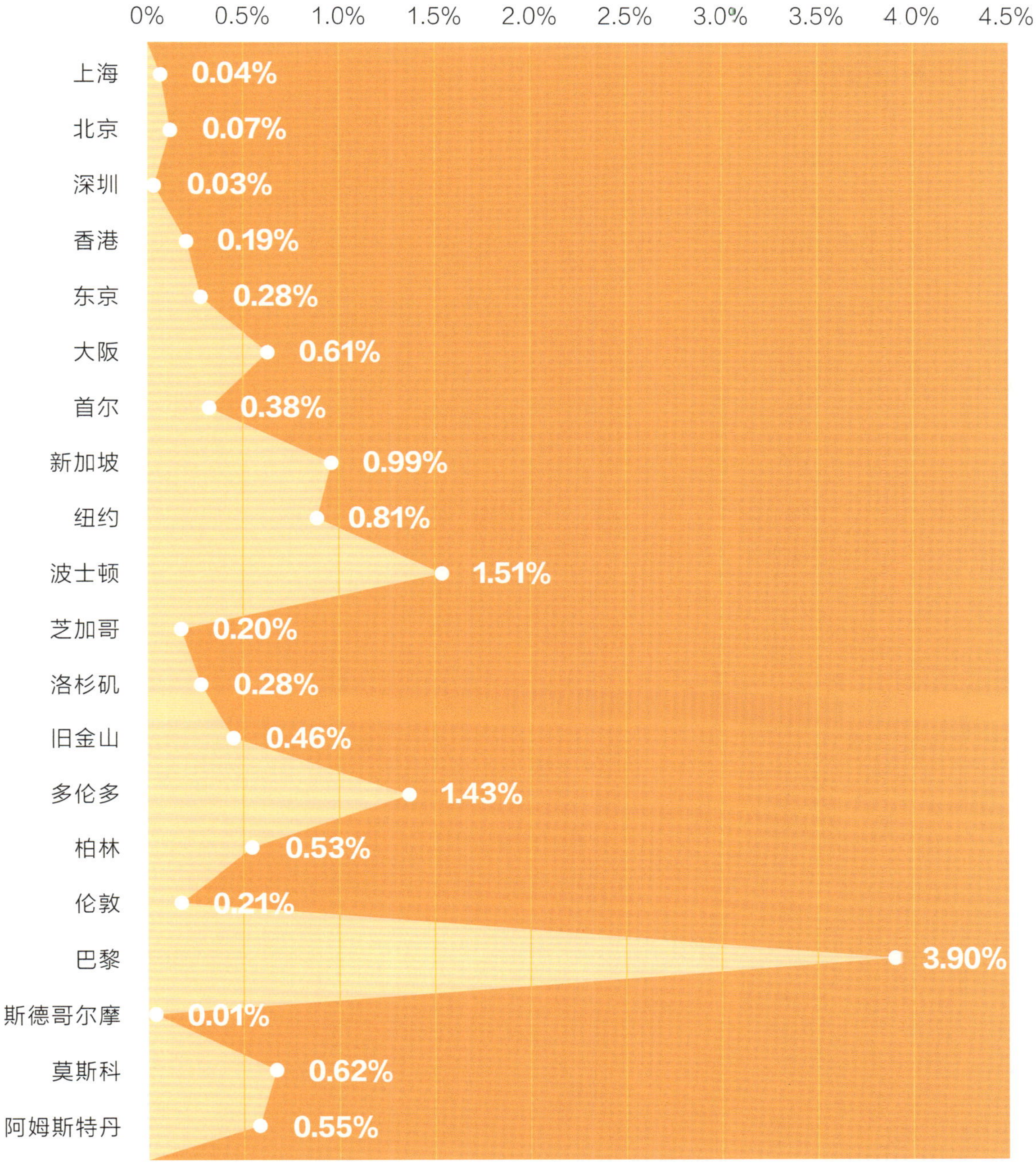

图 5-2 2020 年学企合作申请 PCT 专利占比情况

2022 年，20 座城市中北京、纽约和伦敦学企合作发文产出数量位于前三，上海排在第六。结合学企合作发文占比来看，大阪、深圳和东京占比最高，均在 10% 以上，产学研合作较为紧密；而香港、多伦多、上海和莫斯科表现较差，占比不到 5%。

2020 年学企合作申请 PCT 专利数方面，排在前三位的城市是巴黎、东京和首尔，遥遥领先其他城市。这些城市不仅积极推动创新链、产业链、价值链的深度融合，也积极构建高价值知识产权海外布局，体现出成熟的产业发展优势。尤其是巴黎，在学企合作申请 PCT 专利占比上也遥遥领先于其他城市，体现了该城市在技术创新上的产学研深度融合和随之带来的知识转化上的竞争潜力。

二、学术经济价值

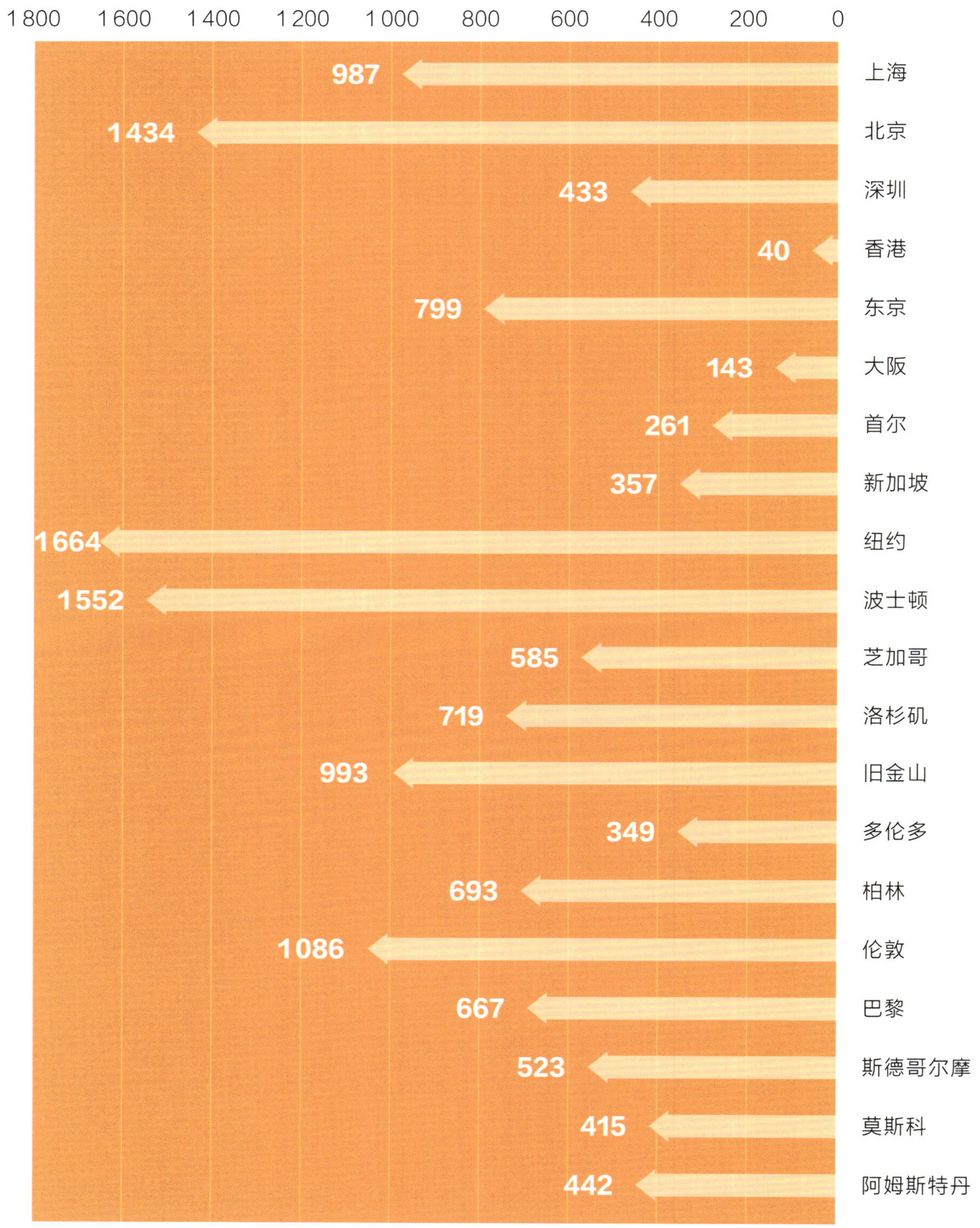

图 5-3　2022 年 CNS 论文基金资助数量分布情况

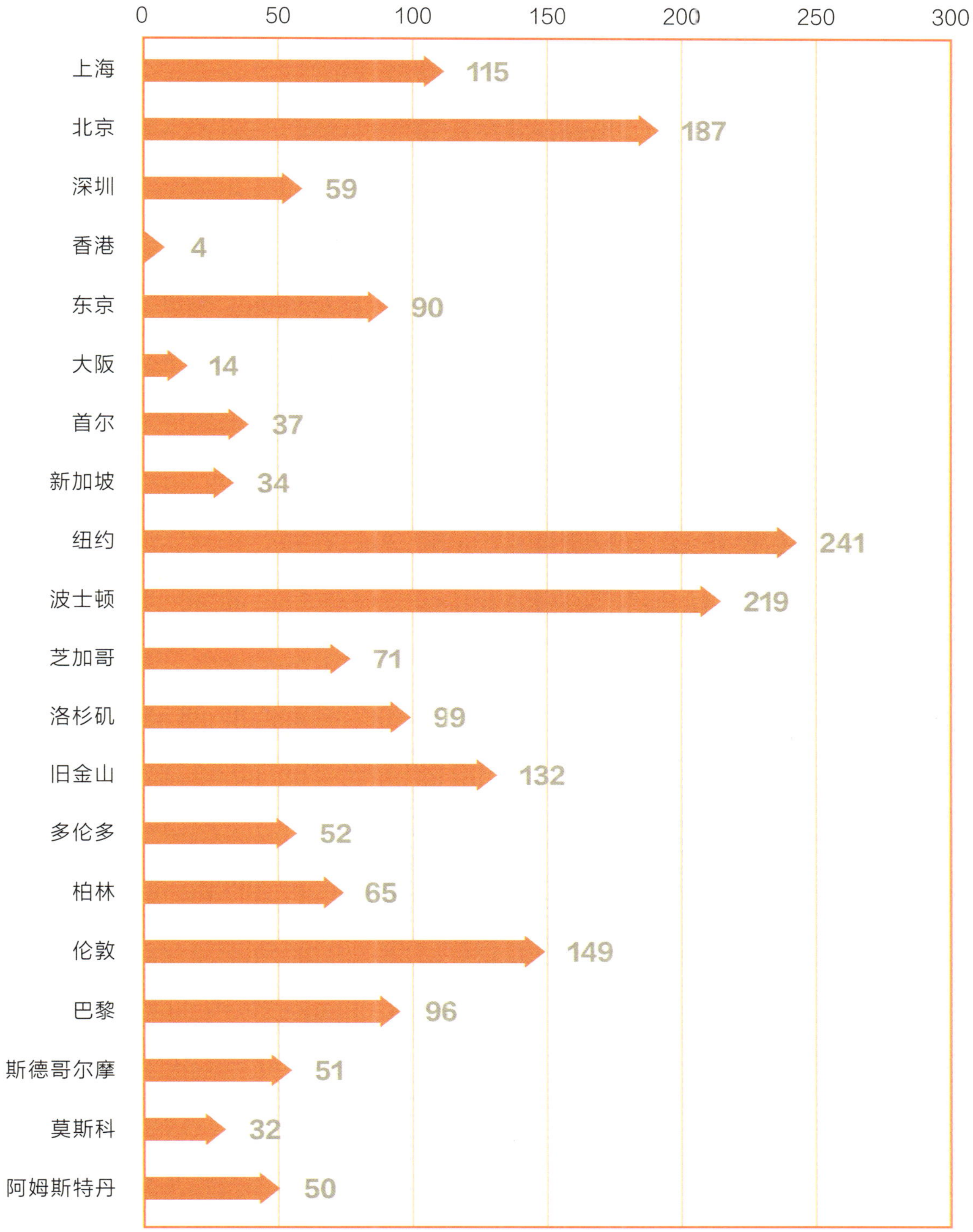

图 5-4　2022 年基金资助 CNS 论文数量分布情况

对顶尖期刊 CNS 论文基金资助项目数和获得基金资助的 CNS 论文数进行统计发现，纽约、波士顿、北京在两项指标中均位列前三，表明这 3 座城市科研人员较强的科研实力，也从侧面反映其科研成果具备较高的社会效益和经济价值。香港、大阪和新加坡等亚洲城市整体表现不佳；上海均位居第六，在亚洲城市中仅落后于北京，但与领先的纽约、波士顿仍有较大差距。

结　论

一、发展中国家城市的科技创新能力指数增长速度超过发达国家

2022 年的数据显示，美国创新城市在科学研究竞争力、技术创新竞争力以及知识转化竞争力三个方面仍具有压倒性优势；欧洲城市也仍然领跑新兴创新生态；而亚洲创新城市同比增速明显，尤其是上海，创新能力指数增长排名第一，正在成为创新引领者和高效创新实践者，全球创新格局正在出现深刻变化。

二、全球科技创新城市的发展路径和定位呈现出差异化发展的趋势

全球科技创新城市根据自身地区资源禀赋和特征，形成了独有的发展策略和路径。各城市在不同单项指标上明显分化并各有千秋，尤其是亚洲各国创新城市引领创新潮流，通过技术创新、制度创新和商业模式创新，构建功能各异、相互协同的发展高地。

三、聚集国际科技创新中心目标，中国城市战略科技力量不断崛起

中国城市科技创新要素不断发展，涌现出一大批顶尖创新企业、国家实验室、高水平研究型大学，创新成果不断积累。上海积极构建高质量发展格局，在创新要素集聚方面成效显著；深圳产业创新优势突出，在创新要素集聚、技术创新竞争力等方面迸发活力；北京科技先导优势突出，创新高地积淀深厚，高端创新要素集聚、成果产出稳固发展。

四、顶尖科技人才、创新机构、创新设施是夯实科技创新策源功能的三大基础

美国城市顶尖人才集聚效应显著，对顶尖奖项人才及高被引科学家具有较强的吸引力；亚洲城市创新机构建设发展较快，东京、北京培育了一批科技领军企业；中国城市重大科技基础设施建设如火如荼，北上深积极打磨大科学装置“金刚钻”，不断夯实科技创新策源能力。

五、基础研究成果创新是提升城市原始创新能力的推动力

欧美城市在基础研究体量、质量及国际合作上都保持着持续的竞争力，排名靠前的波士顿、旧金山、阿姆斯特丹等城市，在论文产出数量、水平、影响力等方面都优势明显。不断涌现的基础前沿研究成果，是推动城市原始创新，带动城市科技突破发展的推动力。亚洲城市除香港国际合作比较突出外，基础研究各方面表现均有待提升。

六、技术创新进步是城市产业能级提升、科技创新生态优化的源动力

技术创新方面，中国各城市创新动能强劲、高质量发展势头良好，产出表现不亚于欧美城市。产出体量上，上海、深圳同比稳步增长；产出质量上，深圳、北京同步正向发展。尤其深圳，高标准打造知识产权标杆城市，积极推动知识产权创新引领高地建设，构建激励创新的动力机制，不断提升城市自主技术实力和行业竞争力。

七、创新成果转移转化是加速创新要素“裂变反应”、打通科技创新“最后一公里”的驱动力

全球科技创新城市纷纷强化科技创新成果转化功能，搭建基础研究到技术创新的桥梁。欧美城市产学研深度融合，学术经济价值凸显。而从发展上看，香港、洛杉矶和深圳产学研合作提速；纽约、波士顿、北京科研实力雄厚，科学研究与助力经济社会发展紧密结合。这些城市集聚了大量的科技领军企业，强化多元研发投入，推动当地成果转移转化能力显著提升。

附 录

一、指标解释

顶尖奖项人才

指奖项设立至今获得过香农奖、图灵奖、菲尔兹奖、拉斯克奖、科维理奖、克拉福德奖、沃尔夫奖、诺贝尔奖，并且当前任职单位为该城市内的人才。

国立科研机构总部数量

指总部设立在该城市内的，当前年份在营的国立科研机构数量具体指国家（中央政府）建立并资助的科研机构，包括国家设立的科学院、研究中心、中央政府部门所属的科研院所等。

高水平研究型大学数

指该城市入榜“2022年软科世界一流学科排名”（ShanghaiRanking's Global Ranking of Academic Subjects，GRAS）的大学总数（以大学总部所在城市为准）。

科技领军企业数

指总部设立在该城市，且当前年份内入榜《欧盟研发投入记分牌》的企业总数。

大科学装置

指通过较大规模投入和工程建设来完成，建成后通过长期的稳定运行和持续的科学技术活动，实现重要科学技术目标的大型设施。

国家实验室

属于科学与工程研究类国家科技创新基地，体现国家意志、实现国家使命、代表国家水平的战略科技力量，是面向国际科技竞争的创新基础平台，是保障国家安全的核心支撑，是突破型、引领型、平台型一体化的大型综合性研究基地。

发文量

指被Scopus数据库收录的所有学术文献（包括论文和专著等），在本次分析统计时间段内的文献数量。在Scopus数据库中统计的署名的科研人员发文总量，不特定要求是第几署名。在本报告中，城市发文量是通过计算总部位于该城市的重要学术机构的论文发表数实现。

活跃科研人员

指当年参与Scopus中收录的学术文献发表的科研人员。在本报告中，各座城市的活跃科研人员的统计是通过统计总部位于该城市的重要学术机构的作者数量实现的。

科研人员人均论文量

$$\text{科研人员人均论文量}=\frac{\text{城市发文总量}}{\text{城市活跃科研人员总量}}$$

发文被引量

指Scopus数据库收录的所有学术文献在Scopus数据库中统计的被其他文献引用次数的总和。

TOP1% 高被引论文

指在Scopus数据库收录的所有学术文献中，在相同发表年和相同学科内，被引次数排在全球前1%的论文。

TOP10% 高被引论文

指在Scopus数据库收录的所有学术文献中，在相同发表年和相同学科内，被引次数排在全球前10%的论文。

国际合作发文量

指在被Scopus数据库收录的所有学术文献中，跨境科研人员合作署名的文献数量。

一、指标解释

CNS 发文量

是指在 Cell、Nature、Science 三个期刊上发表的论文数量。

授权专利数

是指通过了审查后，认为其技术等符合专利的授权要求，给予具有法律效力的授权证书的专利。本报告中统计的是 2020 年度获得授权的发明专利数量。

专利申请量

是指 2020 年国家知识产权局出版社专利数据库收录的中国国家知识产权局、欧洲专利局、日本专利局、韩国知识产权局以及美国专利商标局的专利申请总量，是发明专利申请数量、实用新型专利申请数量和外观设计专利申请量的总和，能够反映一个地区或群体的创新活跃度以及对知识产权的保护意识。一个城市的专利申请总量的筛选标准是申请日和申请地址需在当年内且该城市内。

学企合作发文

是指在 Scopus 数据库收录的所有学术文献中，学术机构（高校、科研院所）与企业合作署名发表的论文。

CNS 获得基金资助数量

是指当年度发表的 CNS 论文获得基金项目资助的基金数量。

论文 FWCI

FWCI（field-weighted citation impact），学科归一化引用因子，是用来衡量引文的影响力的一种指标。它通过将一篇论文的实际被引次数与同一论文类型、同一出版年和同一学科领域的论文预期的被引次数进行比较，来反映该论文在学科内的影响力。FWCI 克服了引文分析中，由于时间积累效应和不同学科领域的不同引用习惯而导致的偏差。该指标被更广泛地用来表现论文的质量，当 FWCI 值为 1 时，通常代表该论文是同领域同一时间段的全球平均水平。

专利合作申请量

是指两个及两个以上的申请方所申请的专利数量，数据来源同专利申请量。该指标反映了一个地区或群体在研究、生产过程中的协同创新能力。

PCT 专利申请量

PCT（Patent Cooperation Treaty），专利合作协定，是专利领域的一项国际合作条约；PCT 专利申请量反映一个地区或群体对知识产权的国际保护意识。

学企合作申请 PCT 专利

是指 2020 年学术机构（高校、科研院所）与企业合作申请的 PCT 专利。

CNS 获基金资助论文数量

是指当年度发表的获得基金资助的 CNS 论文数量。

二、数据来源

本报告数据源自上海市研发公共服务平台管理中心全球高层次科技人才信息平台、爱思唯尔 Scopus 数据库、国家知识产权局出版社专利数据库，以及各国的国家统计局和各城市的城市统计局、国际货币基金组织数据库、世界银行数据库、欧盟数据库等开放数据共享平台。

本报告数据统计范围以 2022 年为主，对于 2022 年数据未统计完整的，根据实际分析内容进行调整，以确保分析结论的可参照性和可对比性。

高层次科技人才数据

高层次科技人才数据包括顶尖奖项人才数据及高被引科学家数据，源自全球高层次科技人才信息平台整理统计而得。

文献数据

文献数据主要来源于爱思唯尔 Scopus 数据库以科研论文、综述和会议论文为主要分析对象，包括发文量、发文被引量、FWCI、TOP1% 高被引、基金、合作数据等。

活跃科研人员

活跃科研人员数据源自爱思唯尔科研统计数据库和全球高层次科技人才信息平台收录的全球超过 3 000 万各研究领域的科研人员。统计口径为 20 座热点城市 2022 年发表论文的研究人员。

专利数据

本报告中专利数据源自国家知识产权局出版社。数据内容包括各城市专利申请量、合作申请量及 PCT 申请量。

企业数据

本报告企业创新能力评价数据来源于欧盟委员会分别于 2022 年底发布的 The 2022 EU Industrial R&D Investment Scoreboard《2022 年欧盟工业研发投资记分牌》。企业所在城市以企业总部位置为依据。企业总部位置信息以官网发布为准。

大科学装置

大科学装置数据基于课题组整理而得，主要参考了中国《国家重大科技基础设施建设中长期规划（2012—2030 年）》、荷兰《国家大型研究基础设施路线图》、法国《研究基础设施路线图》等国家级官方文件，以及中国科学院重大科技基础设施共享服务平台、美国能源部国家实验室、日本文部科学省等机构的官方公开数据。